Petra Mönning

W0301298

Der Feinmotorik-Trainer: Stift, Schere, Kleber

8 fantasievolle Mini-Lehrgänge

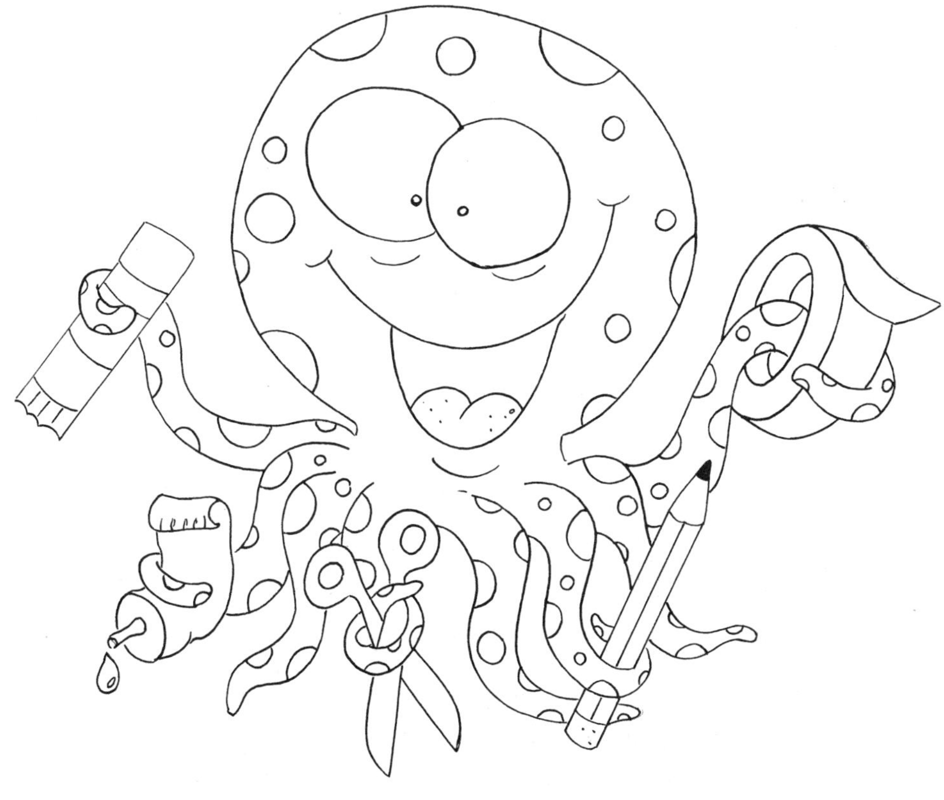

AOL verlag

Impressum

Der Feinmotorik-Trainer: Stift, Schere, Kleber

Petra Mönning ist ausgebildete Grundschullehrerin und Verlagsredakteurin. Seit 2003 arbeitet sie als freiberufliche Redakteurin und Autorin für Kinder- und Jugendmedien. Viele ihrer Themenhefte hat sie selbst illustriert.

1. Auflage 2014

Veritaskai 3 · 21079 Hamburg
Fon (040) 32 50 83-060 · Fax (040) 32 50 83-050
info@aol-verlag.de · www.aol-verlag.de

Redaktion: Dr. Sina Hosbach
Layout/Satz: Satzpunkt Ursula Ewert GmbH, Bayreuth
Coverfoto: © Yantra – Fotolia.com (#19194468), © jd-photodesign – Fotolia.com (#50319783)
Illustrationen: Petra Mönning

ISBN: 978-3-403-10253-3
Printed in Germany

Engagiert unterrichten. Natürlich lernen.

AOL verlag

Einleitung

Der Begriff der Feinmotorik beschreibt gezielte und koordinierte Bewegungsabläufe, die sich u. a. in der Handgeschicklichkeit widerspiegeln. In der Regel trainieren die Kinder ihre feinmotorischen Fertigkeiten in ihren ersten Lebensjahren im Alltag und im Spiel.
Doch leider stellt sich bei den kontinuierlich ansteigenden grafomotorischen Anforderungen vom Kindergarten bis zur Schule häufig heraus, dass viele Kinder noch Förderbedarf haben. Gerade im Anfangsunterricht sind die Unterschiede in der Handgeschicklichkeit sehr groß. Eine gute Feinmotorik und damit die sichere Handhabung einfacher Arbeitsmaterialien, wie z. B. dem Stift, sind vor allem in den ersten Schuljahren eine wichtige Voraussetzung für viele Lernprozesse, insbesondere für das Schreibenlernen.

Die folgenden acht fantasievollen Mini-Lehrgänge sollen Sie dabei unterstützen, die Kinder individuell und systematisch in ihrer Feinmotorik zu fördern und zu fordern – und zwar im Umgang mit Stift, Schere und Kleber.
In einem übersichtlichen Zeitraum durchlaufen die Kinder Schritt für Schritt selbstständig die spielerischen Mini-Lehrgänge. Zur Belohnung für die erfolgreiche Absolvierung jedes Mini-Lehrgangs gibt es eine selbst zu gestaltende Medaille als Auszeichnung.

Die Mini-Lehrgänge steigern sich in ihren Anforderungen, sodass Sie dem unterschiedlichen Förderbedarf Ihrer Schülerinnen und Schüler gezielt begegnen können. Die Steigerung von „leicht" zu „schwer" bietet Ihnen viele Differenzierungs- und Einsatzmöglichkeiten. Sie können die Lehrgänge je nach Bedarf und Anspruch auch als komplettes „Förderpaket" (mit jeweils 5–9 Übungsblättern) einsetzen, mit dem die Kinder ihre Feinmotorik über einen längeren, aber überschaubaren Zeitraum hinweg trainieren. Die einzelnen Arbeitsblätter sind jedoch auch unabhängig voneinander einsetzbar. Sie können eine individuelle Auswahl treffen und diese z. B. in der Freiarbeit, im Vertretungsunterricht, in Regenpausen, als Hausaufgaben und zu ähnlichen Gelegenheiten einsetzen. So ist es möglich, die Übungen im Rahmen Ihres allgemeinen Unterrichts für die ganze Klasse oder bei erhöhtem Förderbedarf gezielt einzusetzen.

Die Übungsblätter sind kreativ und abwechslungsreich gestaltet und beziehen sich auf Themen, die erfahrungsgemäß einen hohen Motivationscharakter für die Kinder haben. So tanzen sie z. B. im Zirkus mit ihrem Stift auf einem Seil, gehen auf Safari, schneiden einem Löwen die Mähne oder begeben sich mit Schere und Klebstoff ausgestattet in die faszinierende Unterwasserwelt mit bunten Fischen und langarmigen Tintenfischen. Der spielerische Lerncharakter der Übungen soll dabei die natürliche Lernbereitschaft und -begeisterung der Kinder aufgreifen und aufrechterhalten.

Nun wünsche ich Ihnen und den Kindern viel Spaß bei der Finger-Akrobatik, im Finger-Zirkus, als Stifte-Dompteur, auf der Scheren-Safari und mit den Scherentieren und Klebepflanzen in der Unterwasserwelt!

Ihre

Petra Mönning

Zum Aufbau der Mini-Lehrgänge

Die acht Mini-Lehrgänge beinhalten spielerische Übungen zum Training bzw. zur Förderung der Feinmotorik, d. h. konkret: zum geschickten und sicheren Umgang mit den Arbeitsmaterialien Stift, Schere und Kleber. Diese Symbole auf den Arbeitsblättern zeigen, mit welchem Arbeitsmaterial in der jeweiligen Übung schwerpunktmäßig trainiert wird:

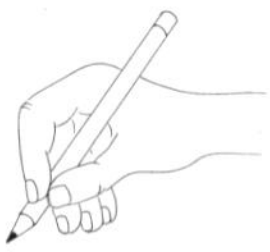
Übungen mit dem Stift

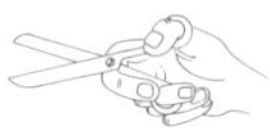
Übungen mit der Schere

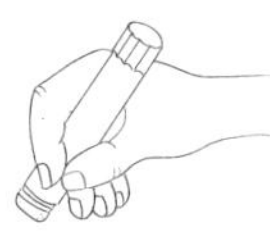
Übungen mit dem Kleber

Jeder Lehrgang besteht aus:
- einem Laufzettel
- 5–9 Übungsblättern
- einer Medaille

Die Laufzettel dienen den Kindern und Ihnen als Kontrollmöglichkeit. Die Kinder können dort erledigte Übungen abhaken und so ihren eigenen Arbeitsfortschritt protokollieren.

Nachdem Sie die bearbeiteten Arbeitsblätter überprüft haben, können Sie den Gesichtern von Clown, Schildkröte oder Fisch einen lächelnden Mund für die geleistete Arbeit malen. Wenn das Übungsblatt noch nicht ausreichend gelöst wurde, können Sie dem Kind ein Feedback geben, indem Sie den Gesichtern erst einmal einen traurigen oder neutralen Mund mit Bleistift malen. Dies ist für die Kinder das Signal, dass sie die entsprechende Übung noch einmal machen bzw. verbessern müssen. Nach gelöster Übung können Sie dem Gesicht dann ebenfalls einen lächelnden Mund malen.

Lächeln auf dem Laufzettel alle Gesichter, erhält das Kind für seine geleistete Arbeit die Medaille als Belohnung und Anerkennung für seine Anstrengungen.

Spielideen zum Einstieg, zur Handlockerung und Förderung der Feinmotorik

Knetsäckchen
Basteln Sie mit den Kindern kleine Knetsäckchen. Dafür benötigen Sie Luftballons und feinen Sand. Mit einem Trichter werden die Luftballons mit Sand gefüllt und zugeknotet. Nun können die Kinder mit diesen Knetsäckchen folgende spielerische Übungen machen:
- zwischen den Händen rollen
- einfache Formen kneten
- hochwerfen und fangen
- auf der Handfläche oder einem Finger balancieren
- auf Anweisung in die rechte bzw. linke Hand nehmen
- auf das rechte bzw. linke Knie legen etc.

> ***Tipp***
> Blasen Sie den Luftballon vorher einmal auf, dann lässt er sich besser mit Sand füllen.

Zielschnipsen
Malen Sie eine Zielscheibe mit verschiedenen Punktefeldern auf ein Blatt Papier. Nun müssen die Kinder z. B. einen Mühlestein auf die Zielscheibe schnipsen. Wer auf das höchste Punktefeld kommt bzw. nach mehreren Versuchen die meisten Punkte hat, gewinnt.

Finger-Bowling
Sechs Spielfiguren werden wie beim Bowling aufgestellt. Nun „bowlen“ die Kinder z. B. mit einem Tischtennisball, einer Murmel o. Ä. die Figuren um.

Luftmalerei
Die Kinder malen auf Ansage verschiedene Bilder (z. B. Sonne, Ball, Baum, Stern etc.), Buchstaben oder Zahlen in die Luft.
Das Spiel kann auch wie „Stille Post“ gespielt werden: Dabei setzen oder stellen sich die Kinder hintereinander und malen die Bilder jeweils auf den Rücken des Vordermannes.

Weiterführende Anregungen zu den Mini-Lehrgängen

In den ersten vier Lehrgängen trainieren die Kinder den Umgang mit dem Arbeitsmaterial Stift. Je nach Leistungsstand können die Übungen zunächst am besten mit einem Bleistift oder auch mit Buntstiften durchgeführt werden. Bei den meisten Übungen bietet sich ein Bleistift an, da die Kinder ihre Fehler bzw. missglückten Versuche ausradieren können. Einige der Übungen können die Kinder zunächst auch mit ihrem Finger durchführen (z. B. Übung 7: Hipporennen, S. 18), um sicherer zu werden.

Falls Sie gerade in Ihrer Klasse den Umgang mit dem Füller einführen, können einige der Übungen natürlich auch mit diesem Arbeitsmaterial durchgeführt werden. Aufgrund seiner spezifischen Handhabung wird der Umgang mit dem Füller in den vorliegenden Lehrgängen jedoch nicht eingehend behandelt.

Mini-Lehrgang 1: Finger-Akrobatik

Übung 1, S. 12
Manege frei – Lockerungsübung für die Finger
Weitere Übungsmöglichkeiten:

- Die Kinder „laufen" abwechselnd mit der rechten und linken Hand. So trainieren sie beide Hände.
- Die Kinder denken sich eigene Fortbewegungsmöglichkeiten mit ihren Fingern oder Händen aus und malen einen eigenen Trainingsparcours.

Sie können den Kindern auch konkrete Anregungen für verschiedene Fortbewegungsmöglichkeiten mit den Fingern geben, wie z. B.: Trabe wie ein Pferd, stampfe wie ein Elefant, robbe wie ein Seehund, springe wie ein Floh etc. Die Kinder werden sich dann erfahrungsgemäß noch weitere Fortbewegungsmöglichkeiten ausdenken.

Übung 2, S. 13
So ein Zirkus – Rechts-links-Unterscheidung
„Etui-Spiel": Die Kinder nehmen ihr Etui (oder einen anderen Gegenstand) in ihre rechte Hand. Nun müssen sie auf Anweisung das Etui z. B. in die linke Hand nehmen, auf das rechte oder linke Knie, den rechten oder linken Fuß, rechts oder links neben den Stuhl, das Buch etc. legen.

Übung 3, S. 14
Der Elefant im Heuhaufen – Wahrnehmungsübung
Kim-Spiele: Zur Förderung der visuellen Wahrnehmung legen Sie mehrere Gegenstände in die Mitte des Sitzkreises. Die Kinder sollen sich diese Gegenstände gut einprägen. Nun schließen die Kinder die Augen und Sie nehmen einen Gegenstand weg. Wer weiß, welcher Gegenstand fehlt? Oder: Die Kinder sagen aus dem Gedächtnis auf, welche Gegenstände sie gesehen haben.

Übung 5, S. 16
Clownslocken – Einfache Schwungübung
Diese Übung kann mit Bunt- oder Filz-, aber auch mit Wachsmalstiften durchgeführt werden.

Übung 7, S. 18
Hipporennen – Schwungübung, genaues Zeichnen
Spiel „Wer fährt schneller?": Zwei Kinder treten gegeneinander an. Wer schafft es, den Parcours am schnellsten zu absolvieren, ohne die Ränder zu berühren? Dabei kann z. B. die Zeit gestoppt werden. Oder: Die Kinder malen einen eigenen Parcours. Ein anderes Kind muss den Parcours dann nachfahren.

Mini-Lehrgang 2: Kleiner Finger-Zirkus

Übung 1, S. 20
Das Zirkuszelt – Gerade Linien genau nachfahren
Die Kinder können die Übung abwechselnd mit der linken oder rechten Hand durchführen, sie können das Zelt nachzeichnen bzw. abpausen, sie können sich aber auch ein eigenes Zelt ausdenken und zeichnen.

Übung 2, S. 21
Seiltänzer – Gerade und geschwungene Linien genau nachfahren
Übungsvorschläge:

- die Linien hin- und zurückfahren
- die Linien mit geschlossenen Augen nachfahren
- selbst verschiedenartige Linien ziehen und Seiltänzer zeichnen

Übung 3, S. 22
Der fliegende Fred – Geschwungene Linie genau nachfahren
Spiel „Wer fährt schneller?“ (siehe S. 7: Lehrgang 1, Übung 7: Hipporennen)

Mini-Lehrgang 3: Großer Finger-Zirkus

Übung 1, S. 30
Im Labyrinth – Gerade, gezackte Linien zeichnen
Die Kinder können ein eigenes Labyrinth malen. Ein anderes Kind muss dann den Weg durch das Labyrinth finden.

Übung 2, S. 31
Punkt, Punkt, Clownsgesicht – Grundschwünge genau nachfahren
Weiterführende Malanregung: Die Kinder können ein eigenes Clownsgesicht in ähnlicher Art mit verschiedenen Grundschwüngen zeichnen (z. B. auch als Pünktchenbild).

Übung 3, S. 32
Elefantös – Genau nachzeichnen / Wahrnehmung
Die Kinder können das Bild ausmalen oder sich ein eigenes Rasterbild ausdenken.

Übung 5, S. 34
Tierformen – Linien und Bilder genau nachzeichnen / Wahrnehmung
Die Kinder können einen Wettbewerb daraus machen, wer die Tierformen mit möglichst wenigen Strichen oder sogar ohne abzusetzen malen kann.

> ***Tipp***
> Stellen Sie den Kindern eine flache, große Schale oder den Deckel eines Schuhkartons o. Ä. mit feinem Sand bereit. Dort können sie dann die Tierformen (und auch andere Bilder, Buchstaben und Zahlen) in den Sand zeichnen.

Übung 6, S. 35
Zirkuswagen – Geometrische Muster genau nachzeichnen
Die Kinder können einen eigenen Zirkuswagen mit entsprechenden Mustern malen.

Übung 7, S. 36
Geheimschrift – Geometrische Muster genau wahrnehmen/zeichnen
Die Kinder können eine eigene Geheimbotschaft schreiben bzw. sich eine neue Geheimschrift ausdenken. Die Geheimbotschaft muss dann z. B. vom Sitznachbarn entschlüsselt werden.

Mini-Lehrgang 4: Stifte-Dompteur

Übung 1, S. 40
Viele bunte Luftballons – Eigenschaften von Stiftarten kennenlernen
Lassen Sie die Kinder über ihre Beobachtungen berichten:
- Hat jedes Kind die gleichen Eigenschaften bei den verschiedenen Stiftarten festgestellt?
- Wo gibt es Übereinstimmungen?
- Wo gibt es unterschiedliche Erfahrungen?

Die Kinder können die Eigenschaften der Stifte weiter austesten, indem sie ein Bild mit den verschiedenen Stiftarten malen.

Übung 2, S. 41
Schillernde Seifenblasen – Mischfarben kennenlernen
Idee für den Kunstunterricht: Lassen Sie die Kinder Mischfarben mit Wasserfarben herstellen. Sie können z. B. bunte Luftblasen malen.

Übung 3, S. 42
Vorhang auf! – Experimentieren mit Frottage
Die Drucktechnik „Frottage“ kann ebenfalls im Kunstunterricht vertiefend behandelt werden.

Übung 5, S. 44
Feuerwerk – experimentieren mit Buntstiften
Die Kinder können in einem Gemeinschaftsprojekt ein großes Feuerwerk auf ein Plakat oder eine alte Tapetenrolle malen. Dabei können sie auch andere Stiftarten ausprobieren (z. B. Wachsmalstifte) und diese zu einem „Vielfarbenstift“ zusammenbinden.

Übung 6, S. 45
Ein Zaubertrick – Experiment zur Zusammensetzung der Farbe Schwarz
Versuchserklärung: Das Löschblatt saugt sich mit Wasser voll und verursacht einen Farbverlauf (Stichwort: „Papierchromatografie“), der die verschiedenen Farbanteile von Schwarz sichtbar

macht. Das Experiment kann auch im Klassenverband durchgeführt werden.

In den Mini-Lehrgängen 5–8 trainieren die Kinder den Umgang mit den Arbeitsmaterialien Schere und Kleber. Mini-Lehrgang 5 („Kleine Scheren-Safari") konzentriert sich zunächst nur auf den Umgang mit der Schere, während in den Mini-Lehrgängen 6 („Große Scheren-Safari") und 7 („Kleine Unterwasserwelt") auch der Umgang mit Klebstoff (d. h. Klebeband und insbesondere Klebestift) immer stärker einbezogen wird. Mini-Lehrgang 8 („Große Unterwasserwelt") legt schließlich den Schwerpunkt auf den Umgang mit dem Kleber.
Für die Bearbeitung der Arbeitsblätter benötigen die Kinder eine Schere sowie einen Klebestift, manchmal Klebeband und evtl. auch Kleister, wie z. B. für die Herstellung der Meerescollage (siehe „Meerescollage", S. 75).

Wichtige Regeln für die Kinder zum Umgang mit der Schere

- Nicht mit der Schere in der Hand rennen!
- Die Schere nur geschlossen und am Griff tragen!
- Die Schere nur mit dem Griff nach vorne gerichtet an einen anderen übergeben!
- Mit der Schere darf nur Papier, Pappe, Wolle oder Stoff geschnitten werden!
- Mit der Schere wird nicht herumgefuchtelt und gespielt!

Dies sind die Symbole:

gestrichelte Linie = ausschneiden

schraffierte Fläche = kleben

Tipps zum Ausschneiden

Geben Sie den Kindern zu Beginn der Arbeit den Tipp, dass sie die Vorlagen zunächst grob ausschneiden sollen (auch wenn sie die Vorlage auf Pappe aufkleben müssen). Durch das grobe Ausschneiden wird das detaillierte Ausschneiden erleichtert.

Für das Schneiden von Löchern (z. B. beim Elefantenrüssel, S. 52, oder den Augen der Löwenmaske, S. 53) benötigen die Kinder je nach Leistungsstand evtl. die Hilfe eines Erwachsenen. Wenn Sie es den Kindern zutrauen, können sie die Löcher mit einem Bastelmesser einschneiden.
Achtung: Dabei eine dicke Unterlage nicht vergessen!

Hinweis zum Ausmalen

Die Kinder können die Bastelvorlagen (wenn die Zeit dafür reicht) natürlich auch ausmalen, da dies ja ein weiteres spielerisches Training der Feinmotorik bedeutet. Der Schwerpunkt der Übungen sollte in diesen Mini-Lehrgängen jedoch eher auf dem Schneiden und Kleben liegen. Wenn die Kinder die Vorlagen ausmalen möchten, sollte dies besser vor dem Ausschneiden geschehen.

Mini-Lehrgang 5: Kleine Scheren-Safari

Übung 3, S. 49
Schlangen-Spirale – Spiralen schneiden
Exkurs Sachunterricht: Wenn die Schlangen-Spirale über eine Wärmequelle (z. B. Heizung) gehalten wird, beginnt sie sich zu drehen. So können die Kinder beobachten, dass warme Luft nach oben steigt und die Spirale in Bewegung versetzt.

Mini-Lehrgang 6: Große Scheren-Safari

Übung 1, S. 55
Tierische Fingerpuppen – Geraden, Kurven und Zacken schneiden
Die Kinder können mit den Fingerpuppen Theater spielen und sich kleine Dialoge ausdenken.

Übung 2, S. 56
Rätselhaftes Tier – Kurven und detaillierte Formen schneiden
Lassen Sie die Kinder zunächst ohne Hilfe versuchen, das Zebra zusammenzulegen. Falls es ihnen nicht gelingt, können sie die Lösungshilfe (siehe S. 62) als Vorlage nutzen.

Übung 3, S. 57
Trauriger Löwe – Kreise exakt ausschneiden
Optische Täuschung: Durch das schnelle Drehen der Scheibe, sieht es so aus, als wenn der traurige Löwe im Käfig eingesperrt ist.

Mini-Lehrgang 7: Kleine Unterwasserwelt

Übung 1a und 1b, S. 64–65
Fische im Karton – Formen exakt ausschneiden, sauber kleben
Bastelanregung: Die Kinder können eine „Unterwasserwelt im Schuhkarton" basteln. Der Karton kann z. B. innen mit Wasserfarben angemalt oder mit bunter Folie etc. beklebt bzw. mit Sand, Muscheln, Steinen und anderem Strandgut dekoriert werden. Dann können sie die Algen mit der schraffierten Fläche auf den Boden bzw. eine Seitenwand des Kartons kleben, die Fische hineinstecken bzw. selbst Algen und Fische basteln.

Übung 3, S. 67
Muschelgeheimnis – Formen exakt ausschneiden, sauber kleben
Der Fisch wird wie bei einer Klappkarte in die Muschel geklebt. Wird die Muschel aufgeklappt, bewegt sich der Fisch nach vorne.

Übung 4a und 4b, S. 68–69
Tintenfisch – Formen exakt ausschneiden, sauber kleben
Der Tintenfisch kann anschließend am Kopf mit einem Faden (z. B. Nylonfaden) versehen und aufgehängt werden.

Übung 5, S. 70
Scherentier – Formen exakt ausschneiden, sauber kleben
Die Löcher für die Musterklammer können z. B. mit einem spitzen Bleistift oder einer dicken Stopfnadel o. Ä. in die markierten Stellen (Kreise) gebohrt werden. Je nach Leistungsstand der Kinder wird dabei evtl. die Hilfe eines Erwachsenen benötigt.

Mini-Lehrgang 8: Große Unterwasserwelt

Übung 1, S. 72
Fischschuppen – Formen ausschneiden und exakt kleben
Die Kinder können auch einen eigenen Fisch vorzeichnen und ihn mit Schuppen bekleben. Für das Bekleben mit Papier eignet sich am besten ein Klebestift, für das Bekleben mit Stoff eher Klebstoff.

Übung 2, S. 73
Seestern – Exakt kleben
Auch hier können die Kinder selbst einen Seestern malen und diesen mit Papierknubbeln bekleben.

Übung 4, S. 75
Meerescollage – Eine Collage kleben
Sie können mit den Kindern zunächst auch gemeinsam überlegen, wie eine Meerescollage aussehen kann:
- Welche Materialien kann man verwenden?
- Welche stehen überhaupt zur Verfügung?
- Wie kann man die Materialien am besten zu einer Collage zusammenstellen?
- ...

Übung 5, S. 76
Schnipsel-Unterwasserwelt – Ein Bild aus Papierschnipseln kleben
Die Kinder können sich Anregungen zu „Unterwasserwelten" in Büchern, im Internet etc. holen.

Auszeichnungen

Medaillen, S. 77–79
- **Ich bin der Stifte-Dompteur!**
- **Ich bin der König der Schere!**
- **Ich habe den Kleber im Griff!**

Wenn die Kinder ihren Mini-Lehrgang erfolgreich absolviert haben, erhalten sie die entsprechende Medaille zur Anerkennung für ihre geleistete Arbeit.

Urkunde, S. 80
Statt der Medaillen können Sie den Kindern auch die Urkunde überreichen (z. B. wenn die Kinder mehrere Lehrgänge zu unterschiedlichen Arbeitsmaterialien durchgeführt haben). Tragen Sie dann einfach in die Urkunde ein, mit welchem Arbeitsgerät (Stift, Schere, Kleber) sie erfolgreich umgegangen sind.

Mini-Lehrgang 1
Finger-Akrobatik

Mein Name: ______________________ Klasse: _____ Datum: ___________

Übung	geprüft	erledigt
1. Manege frei		
2. So ein Zirkus		
3. Der Elefant im Heuhaufen		
4. Clownsgesicht		
5. Clownslocken		
6. Robbe Robin		
7. Hipporennen		

Übung 1: Manege frei

☆ Laufe mit deinem Mittel- und Zeigefinger durch die Manege.

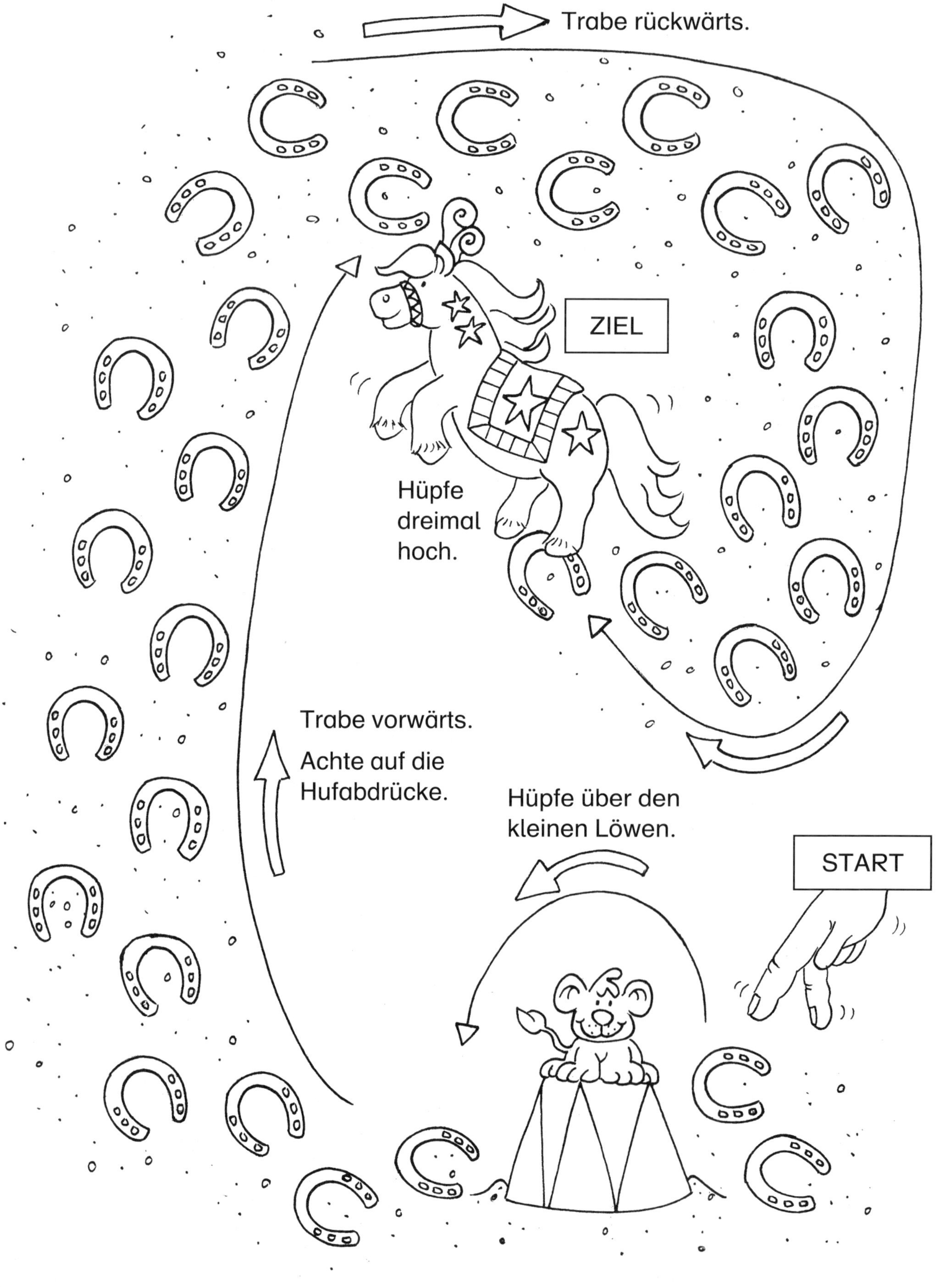

Übung 2: So ein Zirkus

1 RECHTS [→] oder LINKS [←] ?

Male die richtigen Pfeile in die Kästchen.

2 Zähle: [ ] schauen nach rechts. [ ] schauen nach links.

Übung 3: Der Elefant im Heuhaufen

Schau genau hin. Wo siehst du die Ausschnitte? Kreise sie ein.

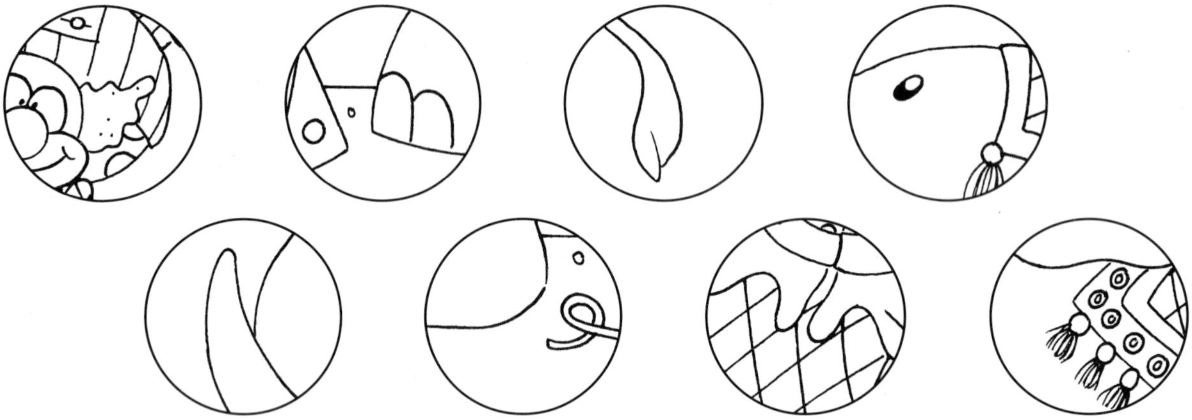

Übung 4: Clownsgesicht

Schminke den Clown:

1 = rot 2 = grün 3 = blau
4 = gelb 5 = rosa 6 = lila

Übung 5: Clownslocken

Clown Pit hat schlechte Laune. Er hat nur noch ein Haar.
Kannst du Clown Pit helfen? Male ihm viele bunte Locken.

Übung 6: Robbe Robin

Robbe Robin sucht seinen Ball. Kannst du ihm helfen?
Zeichne den Weg genau so ein, wie du es im oberen Feld siehst.

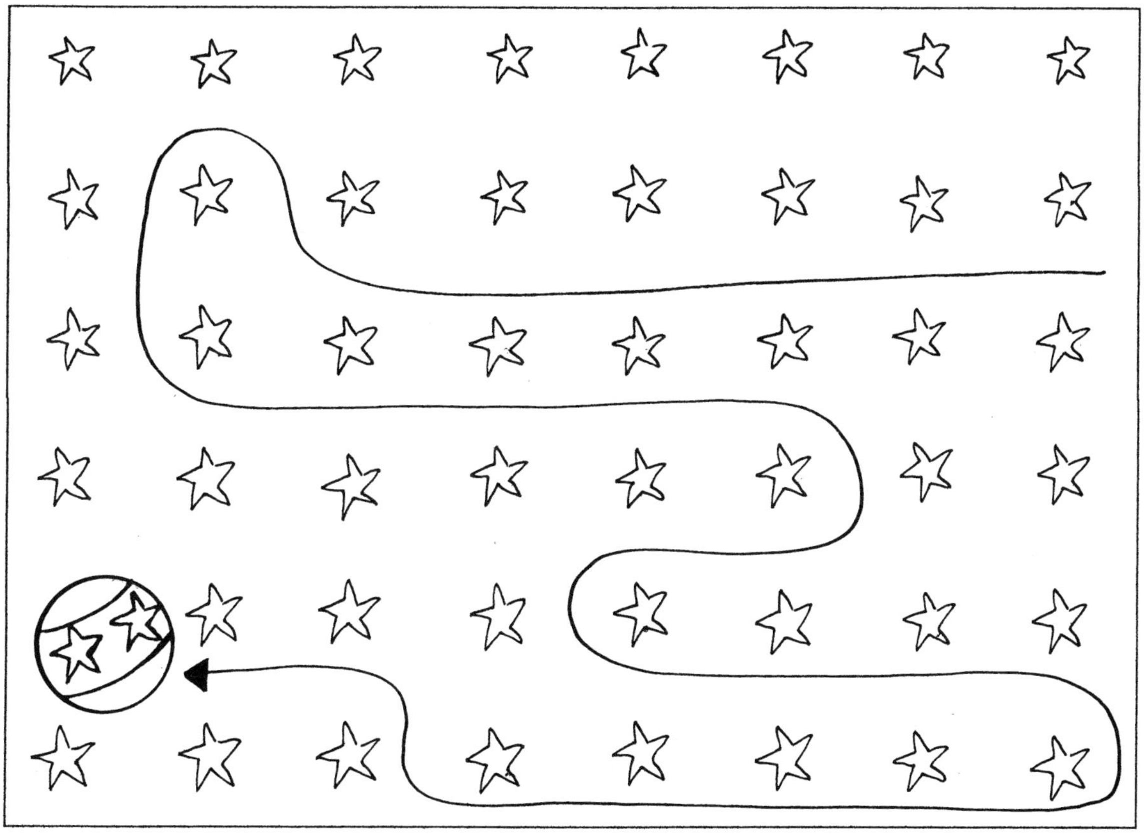

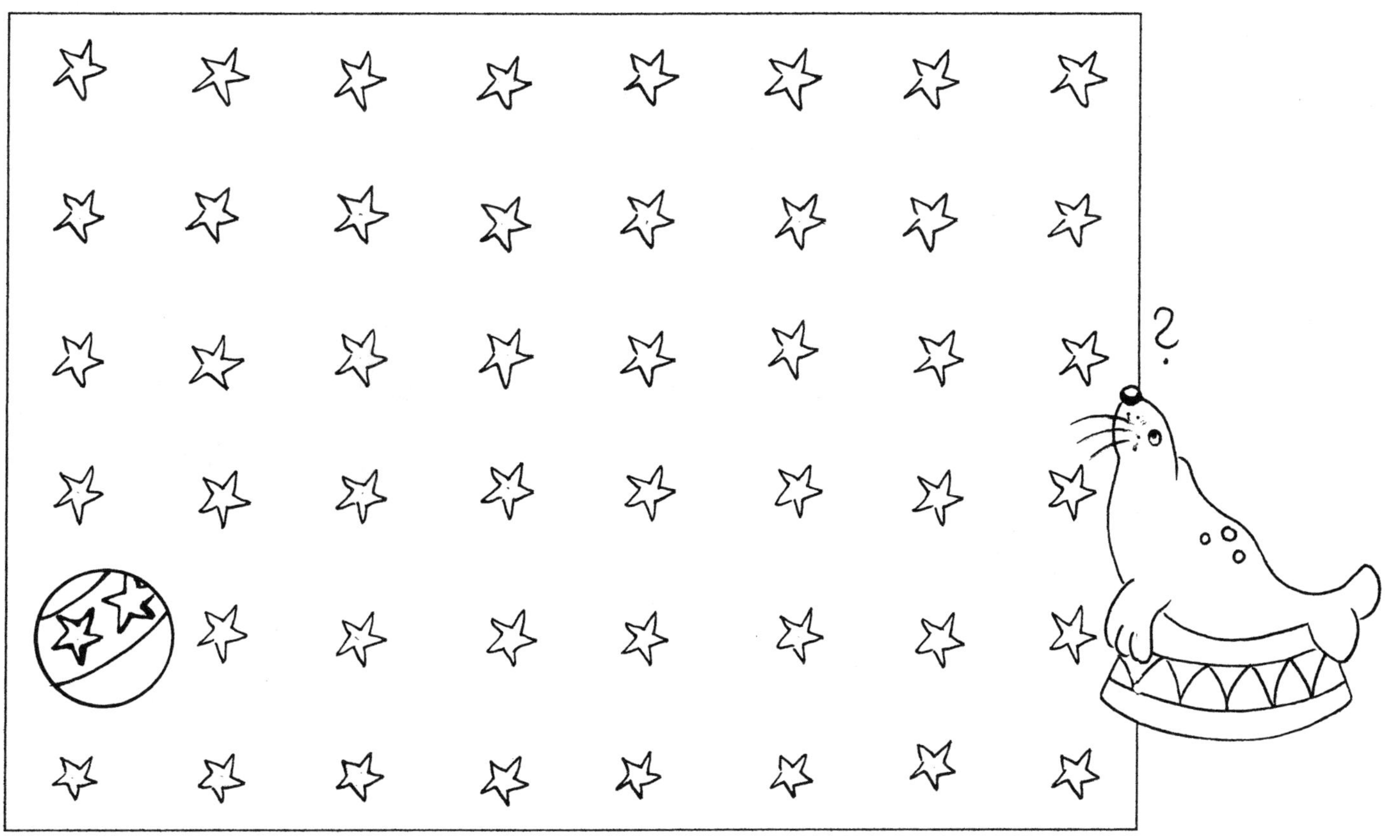

Übung 7: Hipporennen

☆ Fahre mit einem roten Stift den Weg entlang.
Versuche dabei, die Ränder nicht zu berühren.

Mini-Lehrgang 2
Kleiner Finger-Zirkus

Mein Name: ______________________ Klasse: _____ Datum: ___________

Übung	geprüft	erledigt
1. Das Zirkuszelt		
2. Seiltänzer		
3. Der fliegende Fred		
4. Maus Löwenherz		
5. Luftballons		
6. Floh-Zirkus		
7. Zauberei		
8. Am Trapez		
9. Ballspiele		

Übung 1: Das Zirkuszelt

Das Zelt steht noch nicht richtig. Kannst du helfen?
Fahre mit bunten Stiften an allen gestrichelten Linien entlang.

Übung 2: Seiltänzer

Kannst du auch auf dem Seil tanzen? Fahre mit einem Stift die Linien entlang. Pass auf, dass du dabei nicht vom Seil fällst.

Übung 3: Der fliegende Fred

Der fliegende Fred fliegt durch die Luft. Fahre seine Flugbahn mit einem Stift entlang. Pass auf, dass du dabei die Ränder nicht berührst.

Übung 4: Maus Löwenherz

Male die Podeste bunt. Fahre mit bunten Stiften an den gestrichelten Linien entlang. Vergiss den Tiger nicht.

Übung 5: Luftballons

Oje, die Luftballons fliegen weg! Fahre mit einem Stift die Linien entlang.
Auf den Schildern steht, welche Farbe die Luftballons haben.
Male sie in den richtigen Farben an.

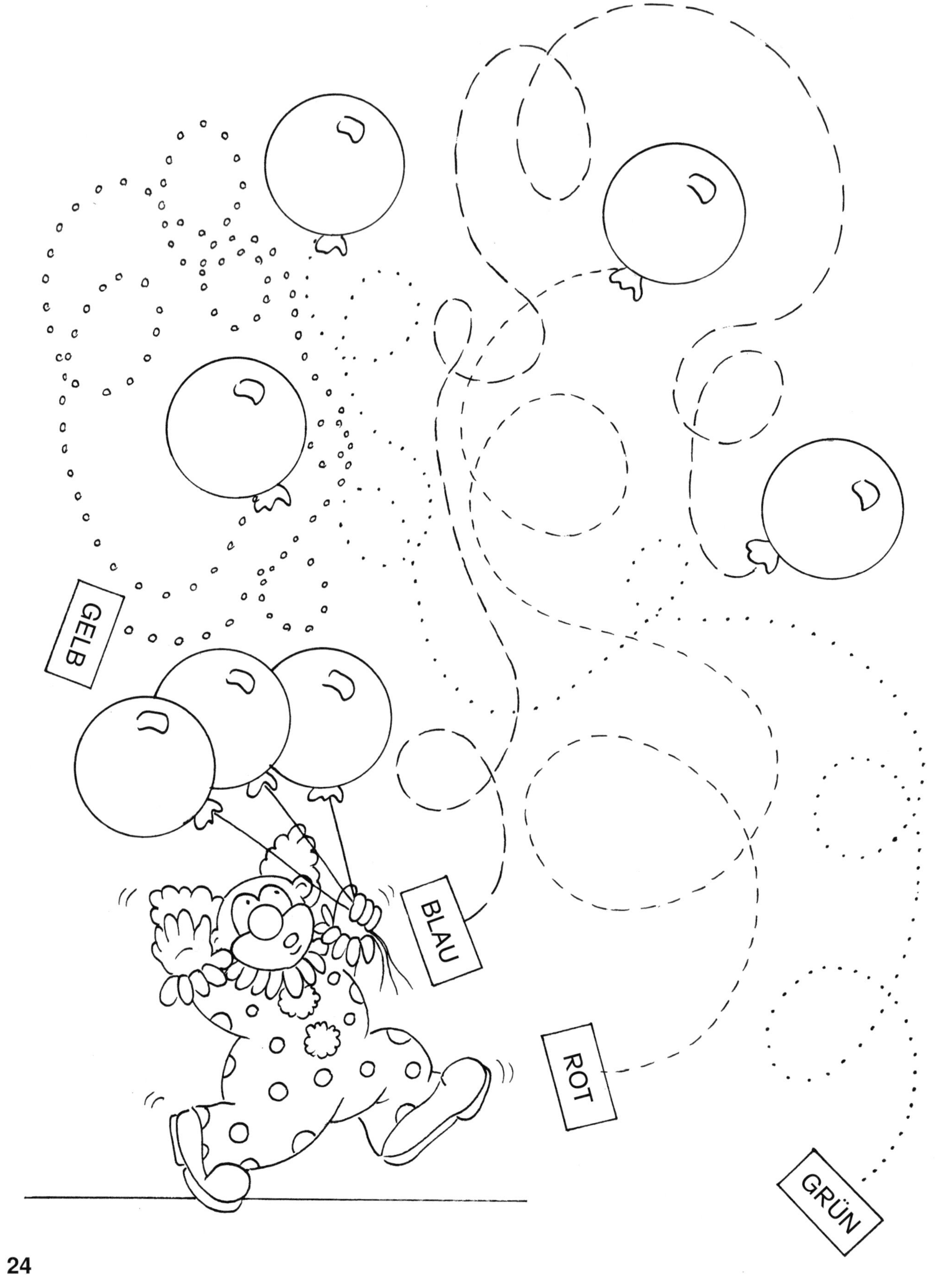

Übung 6: Floh-Zirkus

Hüpfe wie ein Floh. Fahre mit einem Stift die Flohsprünge nach.

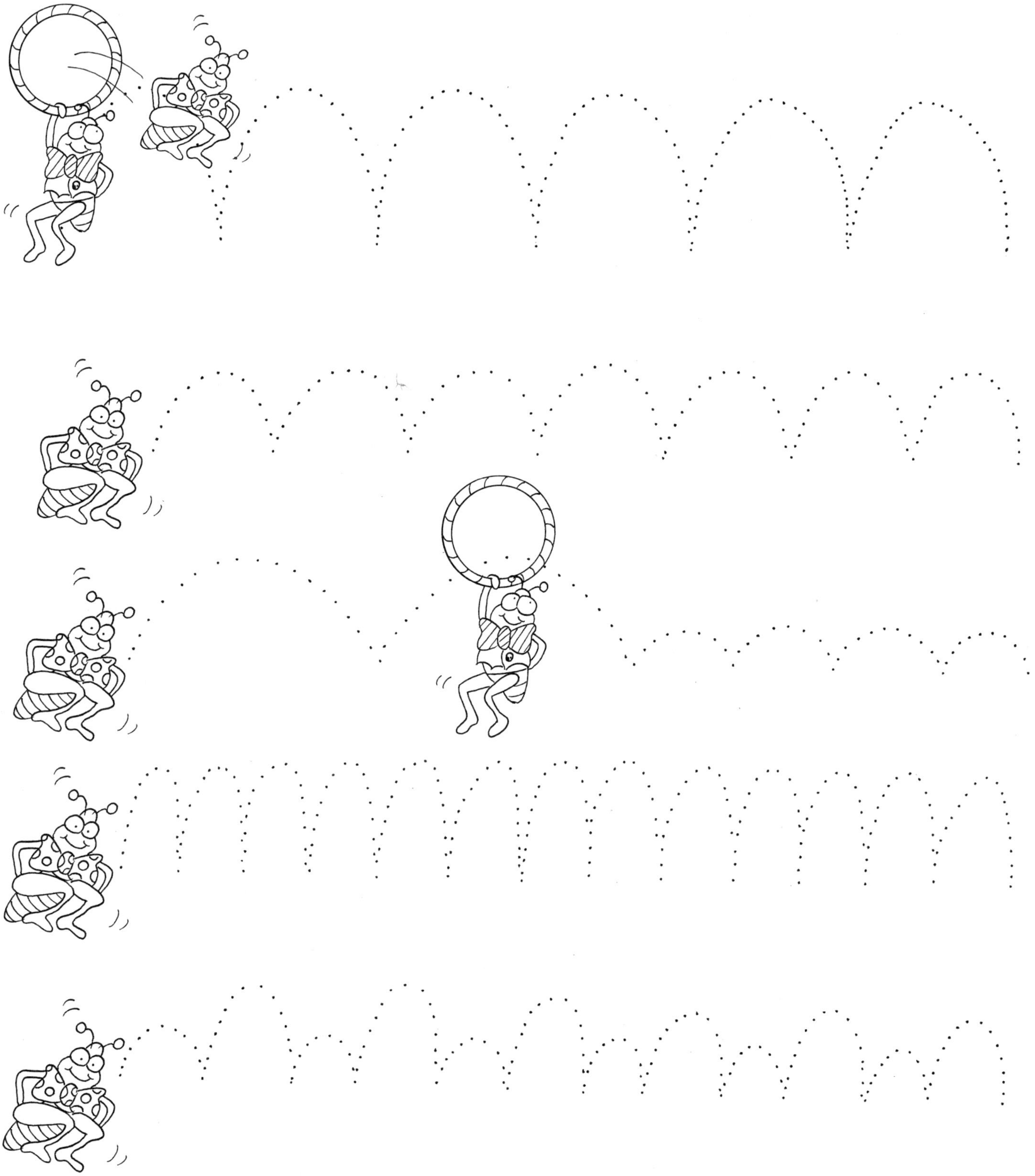

Übung 7: Zauberei

1 Zauberst du mit? Fahre mit einem Stift die Linien nach.

2 Male eine eigene Zauberspirale.

3 Male die Sterne bunt an.

Übung 8: Am Trapez

Die Trapezkünstlerin schwingt durch die Luft.
Fahre ihre Schwünge mit einem Stift nach.

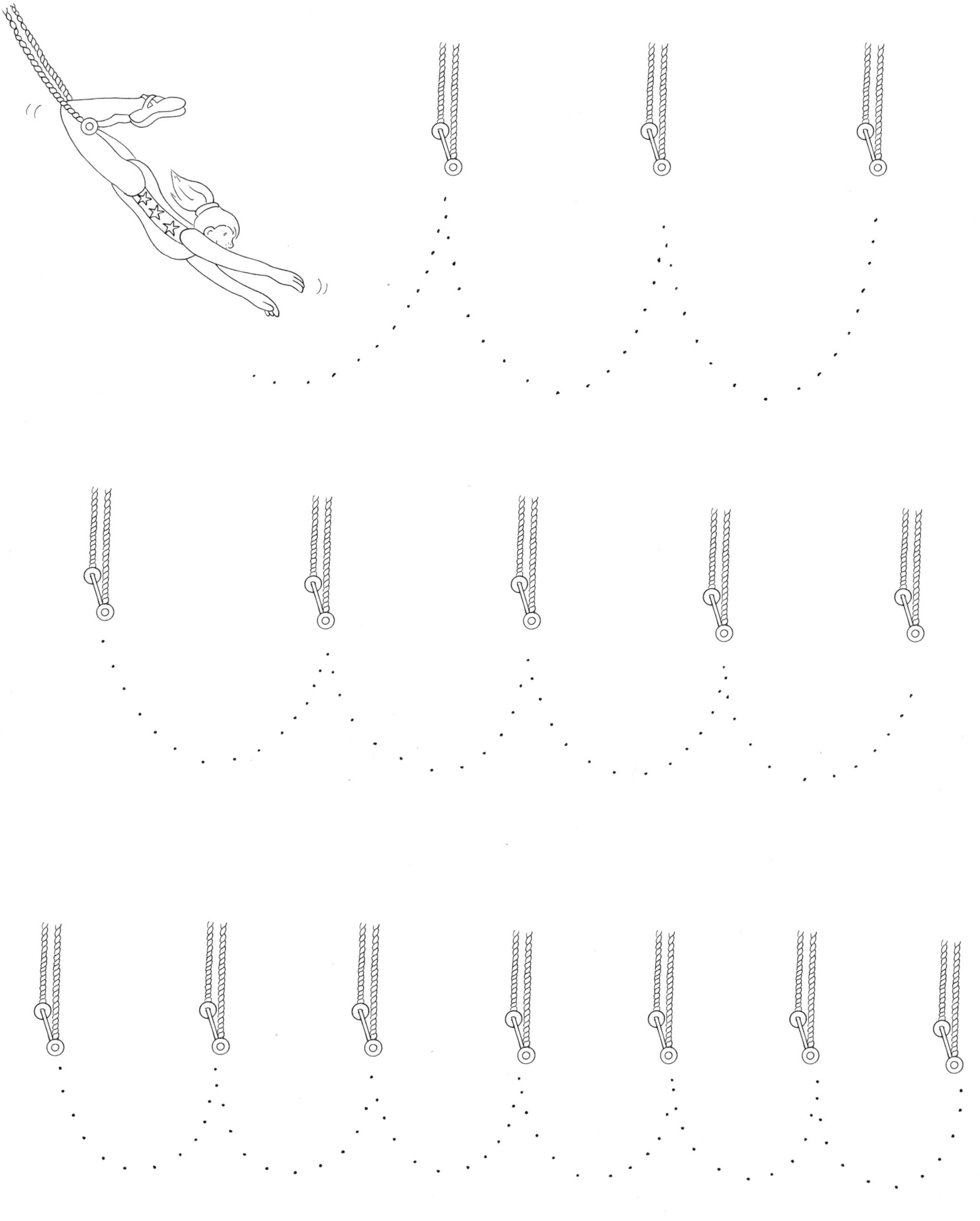

Übung 9: Ballspiele

So viele Bälle! Findest du alle 14 Bälle?
Umfahre sie mit einem Stift an den gestrichelten Linien.
Male die Bälle dann bunt an.

Mini-Lehrgang 3
Großer Finger-Zirkus

Mein Name: ______________________ Klasse: _____ Datum: __________

Übung	geprüft	erledigt
1. Im Labyrinth		
2. Punkt, Punkt, Clownsgesicht		
3. Elefantös		
4. Clown Kunterbunt		
5. Tierformen		
6. Zirkuswagen		
7. Geheimschrift		
8. Der Feuerschlucker		
9. Generalprobe		

Übung 1: Im Labyrinth

Der kleine Löwe hat sich verirrt. Kannst du ihm den Weg aus dem Labyrinth zeigen?
Suche zuerst den Weg mit einem Bleistift.
Wenn du ihn gefunden hast, zeichne den Weg mit einem roten Stift ein.
Dabei darfst du die Seitenränder nicht berühren.

Übung 2: Punkt, Punkt, Clownsgesicht

Male den Clown fertig. Fahre alle gepunkteten Linien entlang.
Dann kannst du den Clown ausmalen.

Übung 3: Elefantös

Übertrage das Bild so genau wie möglich in das untere Raster.

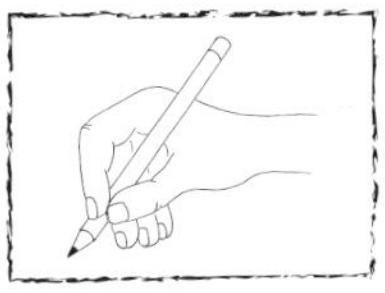

Übung 4: Clown Kunterbunt

Übertrage die Muster möglichst genau auf den unteren Clown.
Male ihn dann bunt aus.

Übung 5: Tierformen

Nimm ein Blatt und einen Bleistift. Versuche, die Tiere zu zeichnen.
Kannst du die Zirkustiere auch mit einem Strich zeichnen, ohne abzusetzen?

Übung 6: Zirkuswagen

Bemale die rechten Zirkuswagen mit den gleichen Mustern, die du auf den linken Zirkuswagen siehst.

Übung 7: Geheimschrift

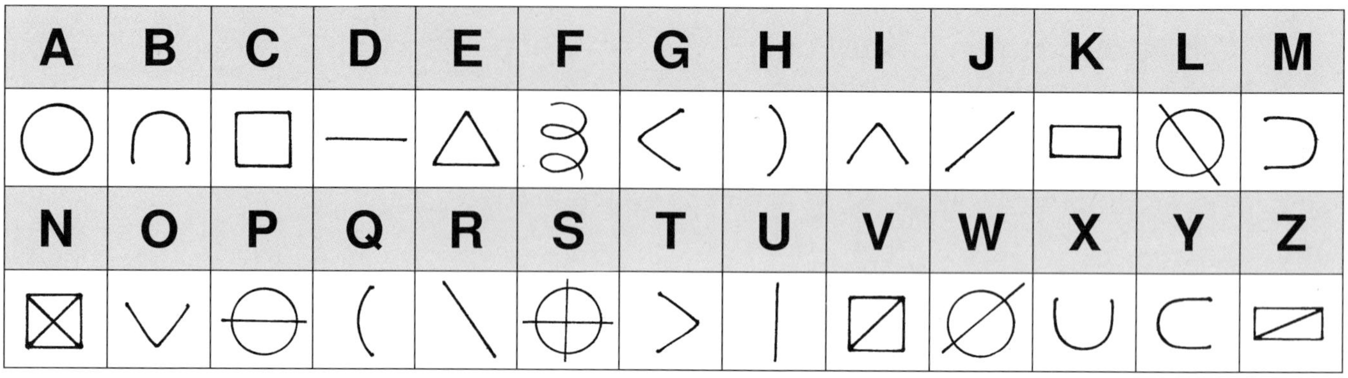

1 Kannst du die Geheimbotschaft entschlüsseln?

____

2 Zeichne diesen Satz in Geheimschrift auf:

DER ZIRKUS IST IN DER STADT!

____

____

3 Zeichne einen eigenen Satz in Geheimschrift auf.
Der Satz muss zum Thema „Zirkus“ passen.

____

____

Übung 8: Der Feuerschlucker

1. Fahre das Flammen-Muster an den gestrichelten Linien mit einem Stift nach.
2. Male dann weitere Flammen mit ähnlichen Mustern.
3. Male anschließend die Flammen bunt aus.

Übung 9: Generalprobe

Hast du deinen Stift im Griff? Fahre die Linien nach.

Mini-Lehrgang 4
Stifte-Dompteur

Mein Name: ______________________ Klasse: _____ Datum: ___________

Übung	geprüft	erledigt
1. Viele bunte Luftballons		
2. Schillernde Seifenblasen		
3. Vorhang auf!		
4. Clownshandschuhe		
5. Feuerwerk		
6. Ein Zaubertrick		

Übung 1: Viele bunte Luftballons

1 Male die Luftballons mit den verschiedenen Stiften aus.

2 Welche Eigenschaften haben die Stifte? Beschreibe sie mithilfe der Wörter.

hart

Bleistift

Buntstift

kratzig

Mein Lieblingsstift

weich

bunt

Filzstift

dünn

Wachsmalstift

rau

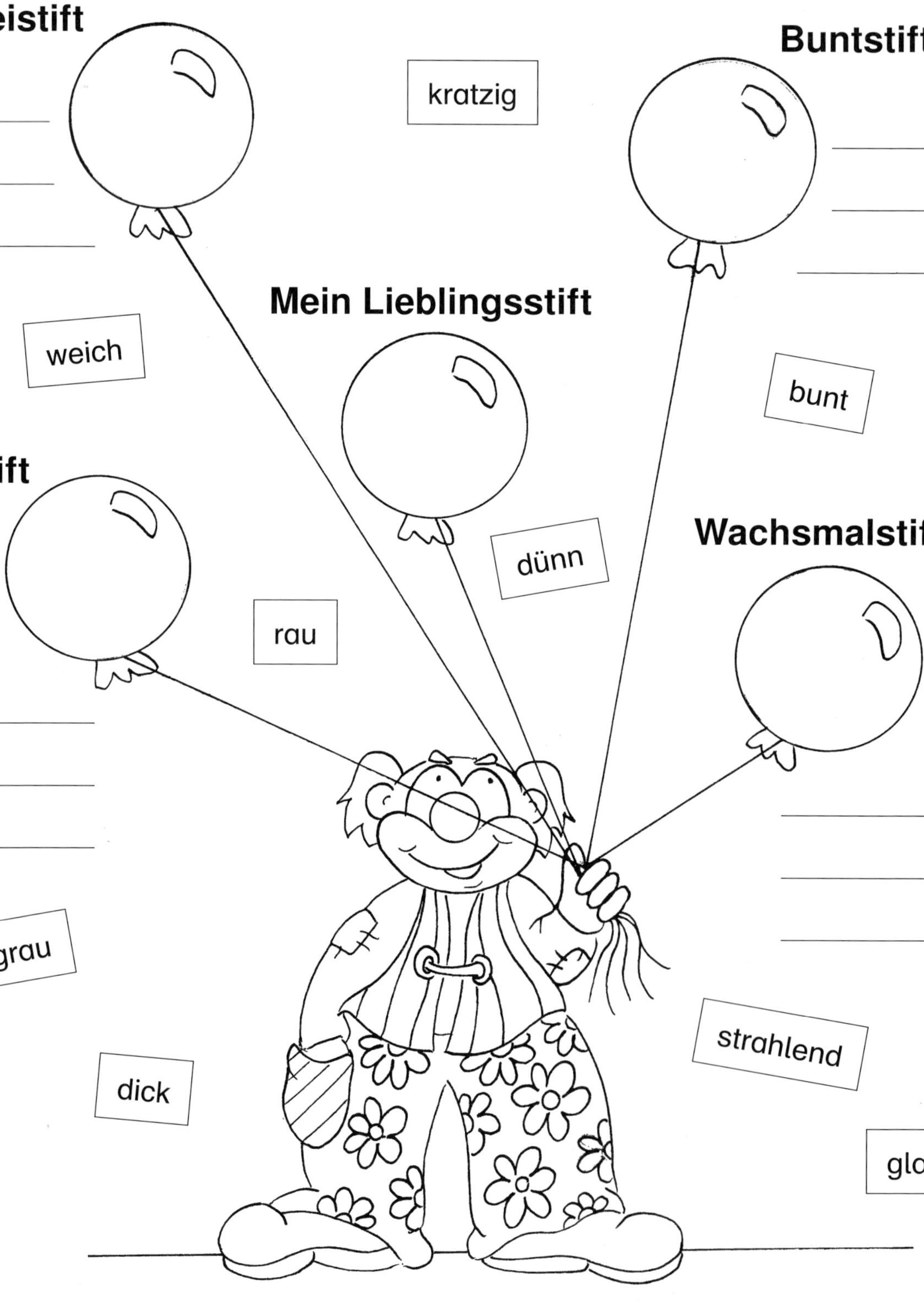

grau

strahlend

dick

glatt

Übung 2: Schillernde Seifenblasen

1. Male die Seifenblasen mit Buntstiften in den genannten Farben aus.
2. In der Mitte mischen sich die zwei Farben. Welche Farben ergeben sich? Schreibe auf.

Blau + Gelb = ______________

Rot + Gelb = ______________

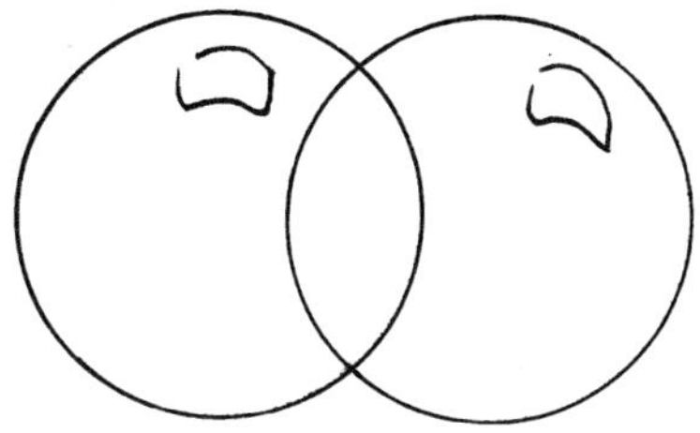

Lila

Rot + Weiß = ______________

Rot + Blau = ______________

Türkis

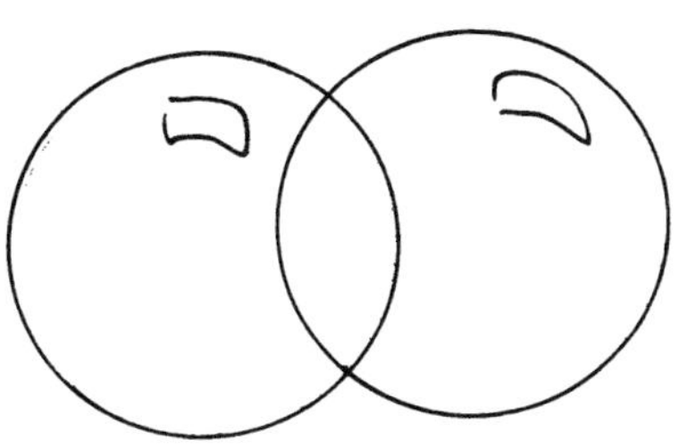

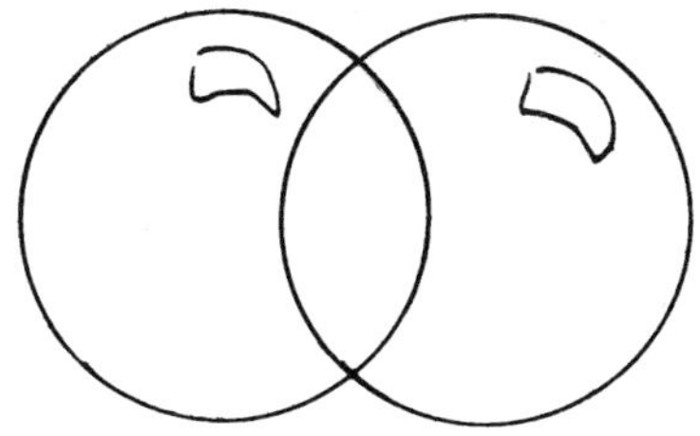

Orange

Grün + Blau = ______________

Grün

Rosa

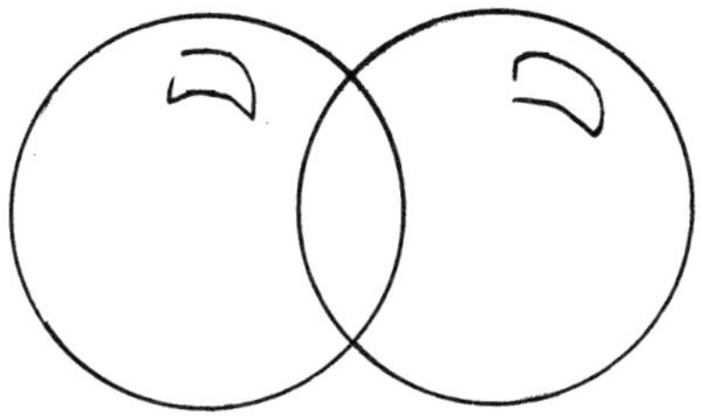

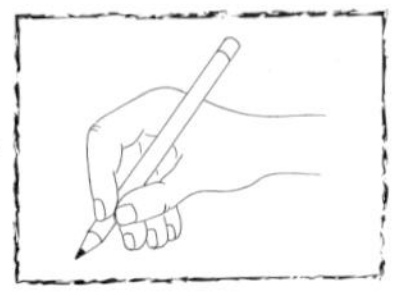

Übung 3: Vorhang auf!

Hast du schon mal das Wort „Frottage“ gehört? Das ist eine Drucktechnik und bedeutet „Abreibung“. Bei der Frottage wird die Oberfläche eines Gegenstandes oder Materials auf das Papier übertragen. Du legst zum Beispiel eine Münze unter das Papier und reibst mit einem Bleistift darüber. So malst du das Muster der Münze auf das Papier. Probiere es mal aus.

Du brauchst dafür:

- verschiedene Gegenstände oder Materialien, wie zum Beispiel Münzen, Stoff, kleine Steinchen, Sand, einen Faden und alles, was dir so einfällt ...
- einen Bleistift oder Buntstifte

☆ Male den Vorhang mithilfe der „Frottage“ an.

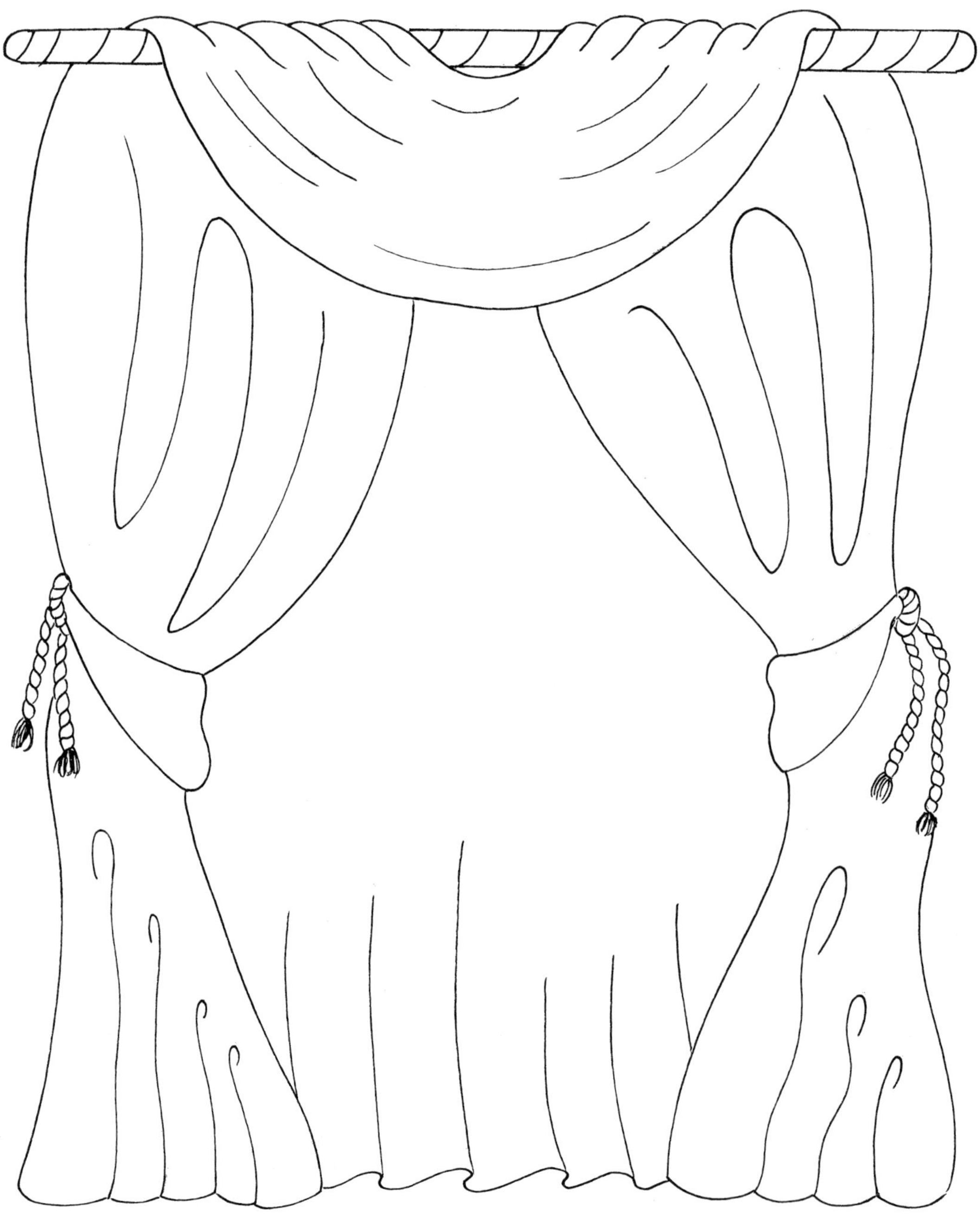

Übung 4: Clownshandschuhe

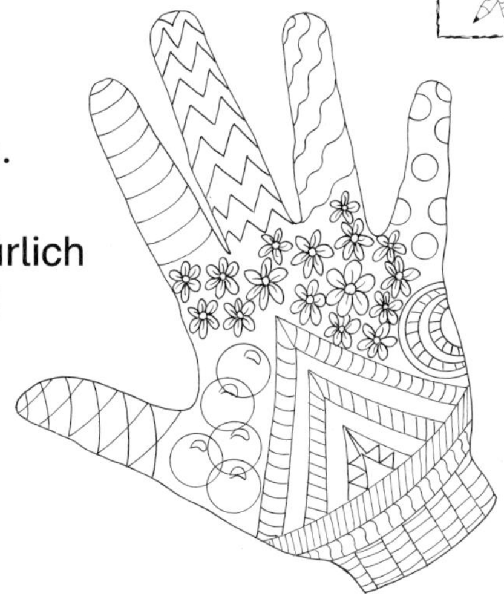

Clownshandschuhe müssen richtig bunt sein. Male ein buntes Muster auf den Handschuh. Hier siehst du ein paar Ideen: Du kannst natürlich auch den Handabdruck deiner eigenen Hand bemalen. Drehe dafür einfach das Blatt um und umfahre deine Hand mit einem Stift.

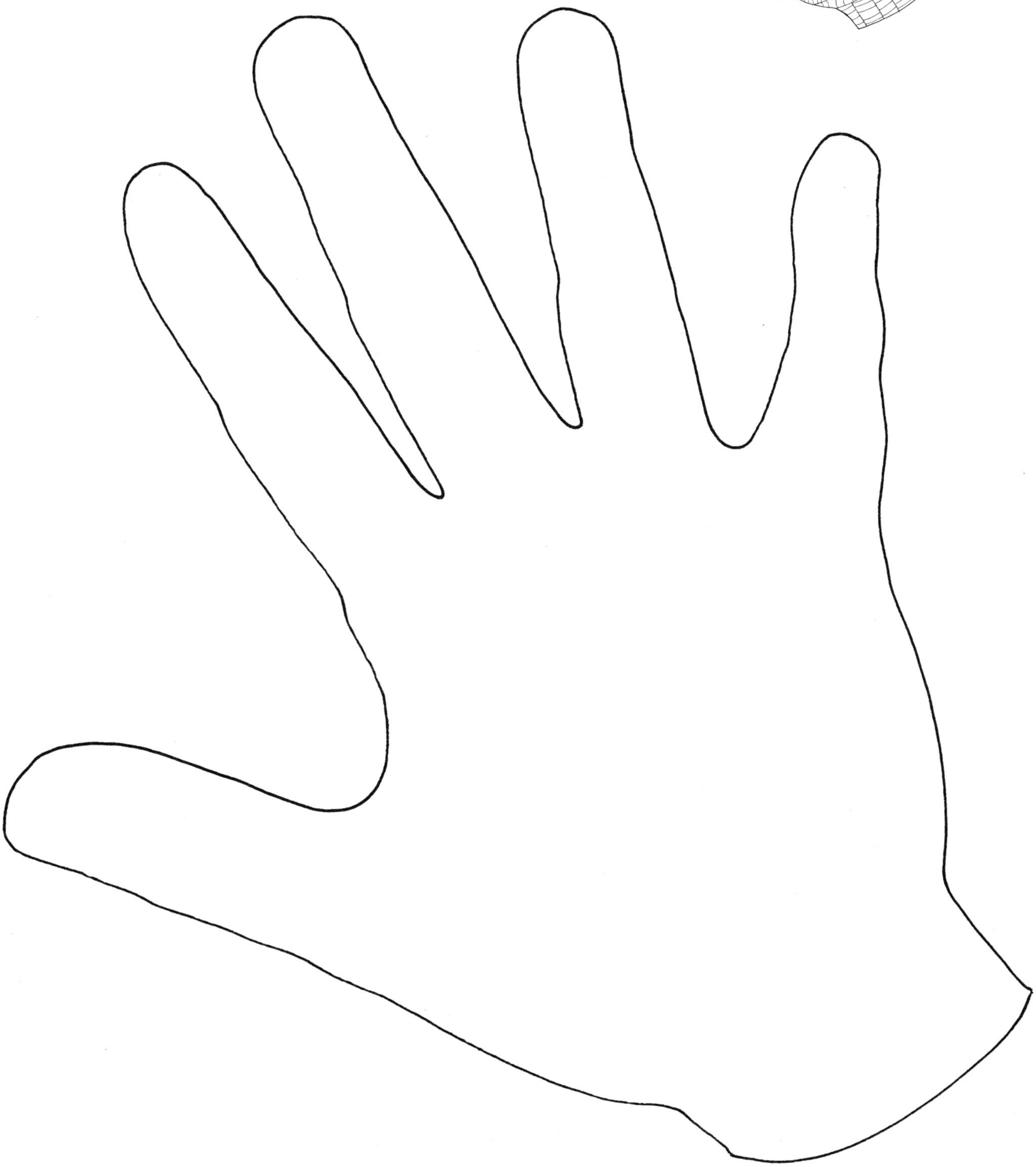

Übung 5: Feuerwerk

Die Zirkusvorstellung endet mit einem tollen Feuerwerk. Male das Feuerwerk. Ein Trick, damit es besonders bunt wird: Nimm dir gleich mehrere Buntstifte und klebe sie mit einem Klebeband zusammen. So kannst du viele bunte Striche gleichzeitig machen. Probiere es mit verschiedenen Farben aus.

Übung 6: Ein Zaubertrick

Ist ein schwarzer Filzstift wirklich nur schwarz?
Finde es mit diesem Zaubertrick heraus.

Du brauchst:

- einen schwarzen Filzstift
- ein Löschblatt oder ein Stück von einem Kaffeefilter
- ein Glas mit Wasser

So geht es:

1. Male einen dicken schwarzen Streifen auf das Löschblatt (oder das Stück Kaffeefilter). Der Streifen muss ungefähr zwei Zentimeter vom Rand entfernt sein.

2. Überlege: Was wird wohl passieren, wenn du das Löschblatt (oder den Kaffeefilter) am Rand befeuchtest? Schreibe deine Vermutungen auf:

3. Tauche den Rand vom Löschblatt nun vorsichtig in das Wasser. Der schwarze Streifen darf dabei nicht ins Wasser tauchen.

4. Beobachte, was passiert. Schreibe deine Beobachtung auf:

5. Male hier auf, wie die Farbe auf dem Löschblatt nun aussieht:

Mini-Lehrgang 5: Kleine Scheren-Safari

Mein Name: ______________________ Klasse: _____ Datum: ___________

Übung	geprüft	erledigt
1. Langer Giraffenhals		
2. Safari-Puzzle		
3. Schlangen-Spirale		
4. Krokodilszähne		
5. Löwenmähne		
6. Elefantenrüssel		
7. Löwenmaske		

Übung 1: Langer Giraffenhals

1. Schneide die Giraffe an der gestrichelten Linie aus. Wenn du Lust hast, kannst du sie natürlich vorher bunt anmalen.

2. Nach dem Ausschneiden kannst du die Giraffe zum Beispiel an deinem Lineal befestigen. Du musst nur die Laschen nach hinten knicken.

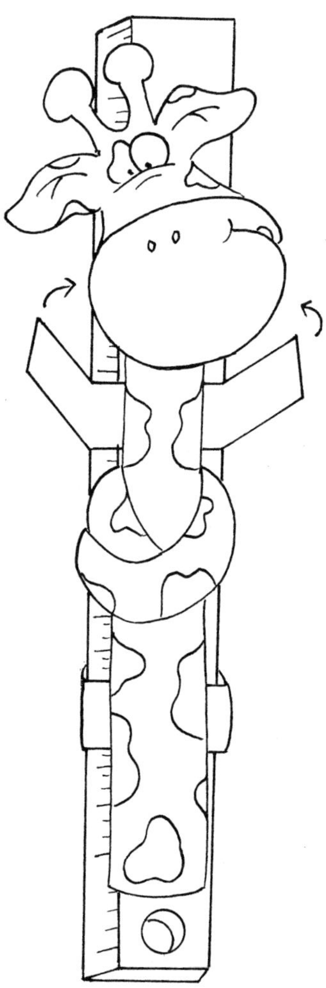

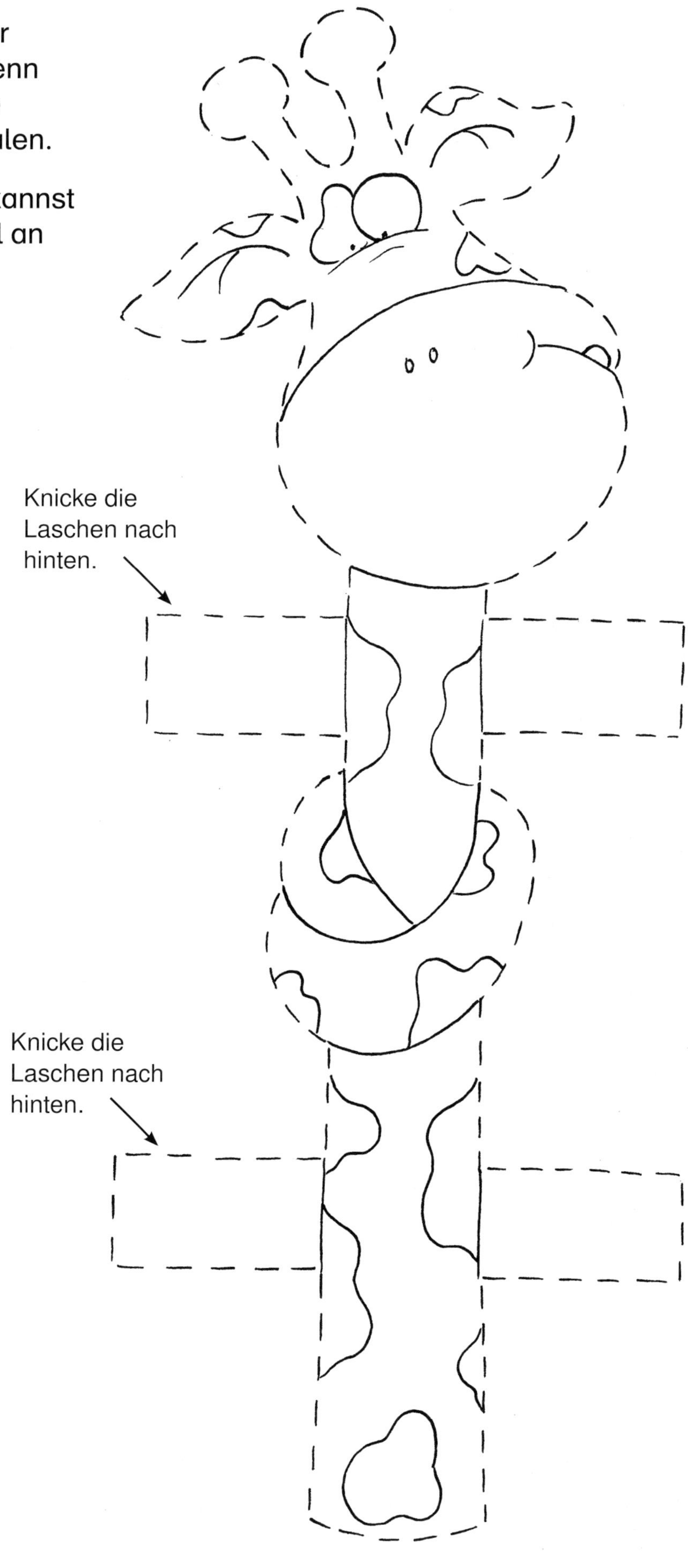

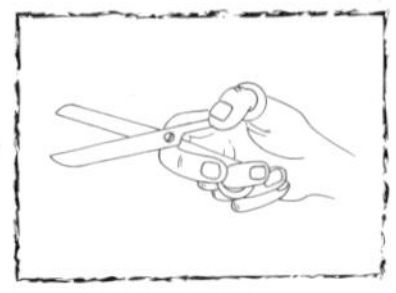

Übung 2: Safari-Puzzle

Welche Tiere verstecken sich hier? Finde es heraus.
Schneide dafür die Teile an der gestrichelten Linie aus und lege das Puzzle zusammen.

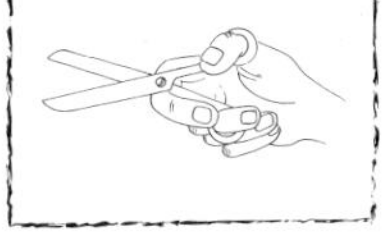

Übung 3: Schlangen-Spirale

1 Schneide die Schlange entlang der gestrichelten Linie auseinander.
Du kannst sie natürlich vorher bunt ausmalen.

2 Wenn du einen dünnen Faden am Kopf der Schlange befestigst,
dreht sich die Schlangen-Spirale in der Luft.

Übung 4: Krokodilszähne

1. Schneide das Krokodil an der gestrichelten Linie aus. Du kannst es natürlich vorher ausmalen.
2. Nun brauchst du eine Musterklammer. Damit kannst du das obere Teil des Maules am Krokodil befestigen.

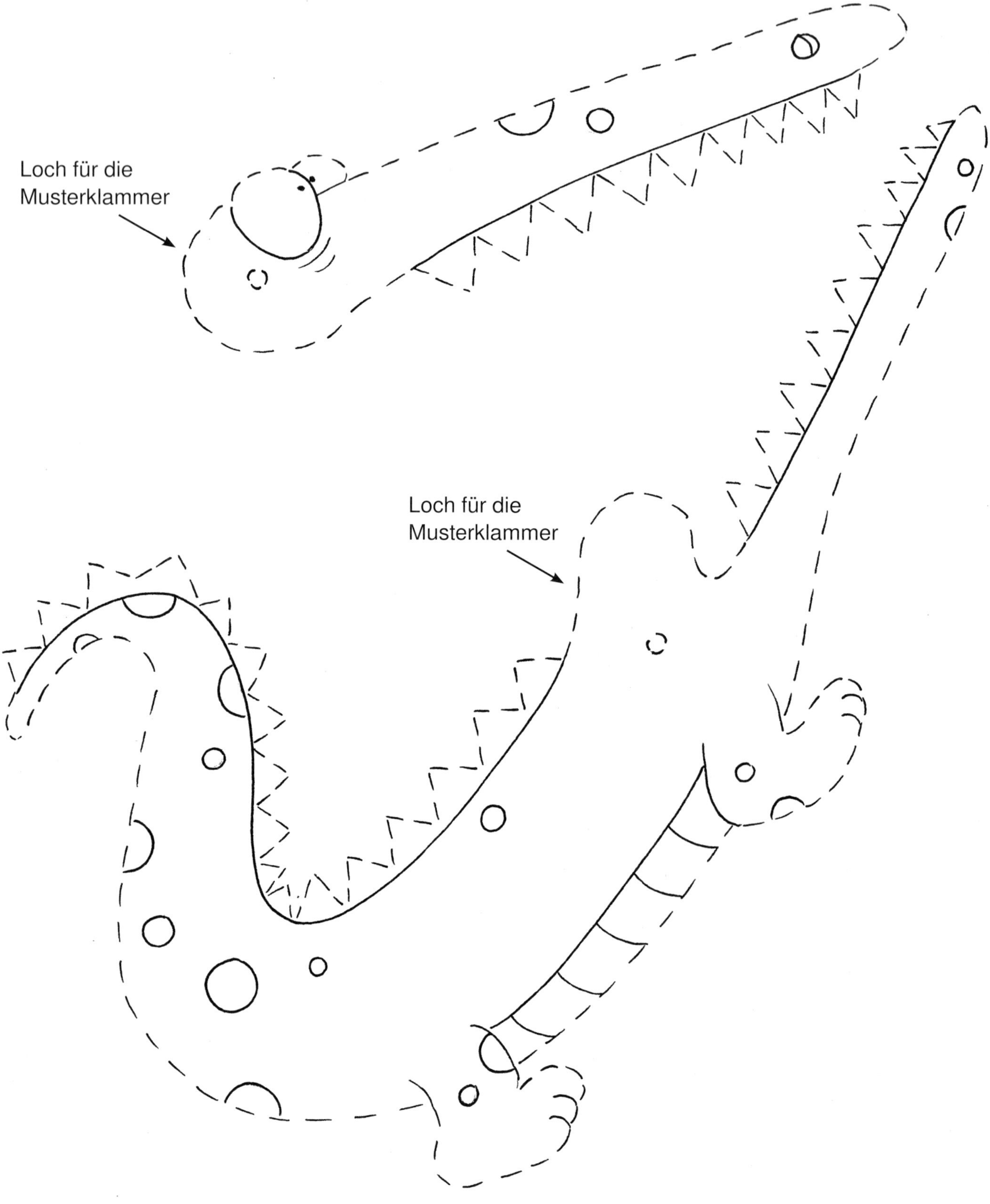

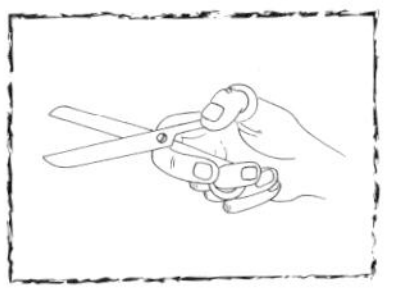

Übung 5: Löwenmähne

1. Löwe Leo hat eine ganz verrückte Mähne. Schneide Leo an der gestrichelten Linie aus. Vorher kannst du ihn natürlich noch bunt anmalen.
2. Biege dann die Laschen nach hinten und stecke sie zusammen. Dann kannst du Leo aufstellen.

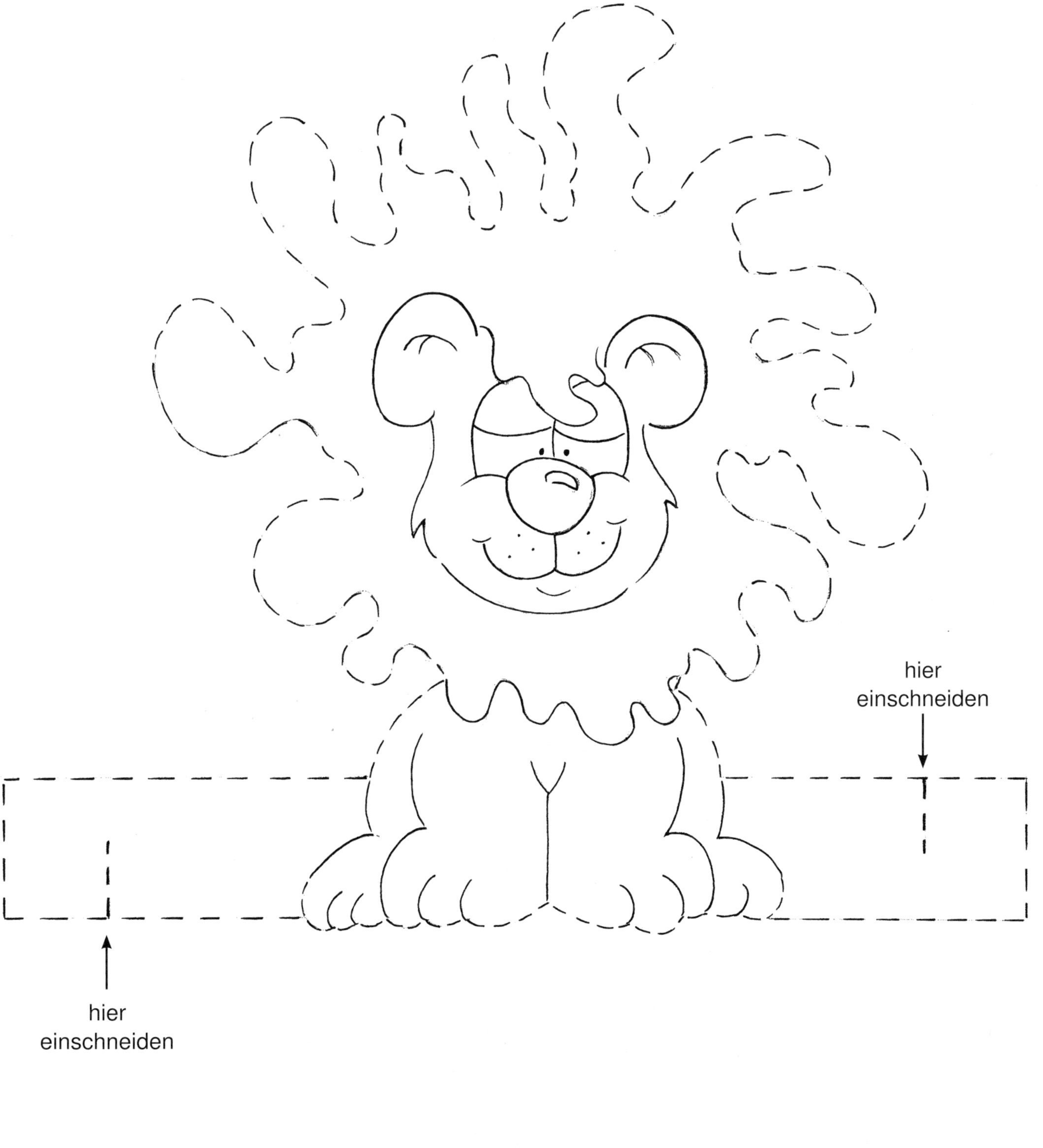

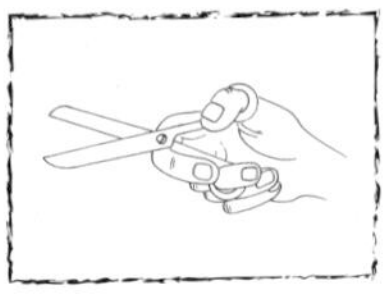

Übung 6: Elefantenrüssel

1 Schneide den Elefanten an der gestrichelten Linie aus.
Schneide auch das Loch in der Mitte aus.
Du kannst den Elefanten natürlich vorher anmalen.

2 Nun kannst du deinen Zeigefinger durch das Loch stecken.
Er ist der Rüssel des Elefanten.

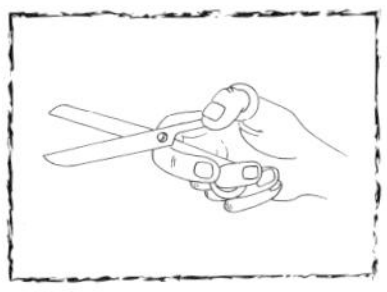

Übung 7: Löwenmaske

1. Schneide die Maske an der gestrichelten Linie aus.
   Du kannst sie natürlich vorher bunt anmalen.
2. Schneide auch die Löcher für die Augen aus.
3. Fädle nun ein Band durch die Löcher.
   Dann kannst du dir die Maske aufsetzen.

Mini-Lehrgang 6: Große Scheren-Safari

Mein Name: ______________________ Klasse: _____ Datum: ___________

Übung	geprüft	erledigt
1. Tierische Fingerpuppen		
2. Rätselhaftes Tier		
3. Trauriger Löwe		
4. Zebrakarte		
5. Mich laust der Affe		
6. Puzzlige Tiere		

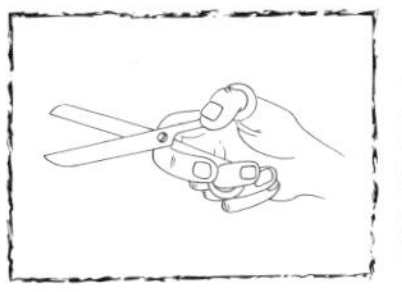

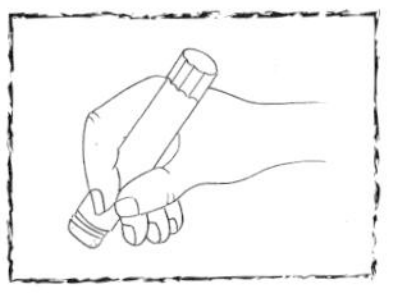

Übung 1: Tierische Fingerpuppen

1. Schneide die Fingerpuppen an der gestrichelten Linie aus.
Du kannst sie natürlich auch vorher bunt anmalen.

2. Dann brauchst du Klebeband. Wickel die Laschen der Fingerpuppen um einen deiner Finger und klebe sie mit dem Klebeband zusammen.
Jetzt kannst du mit den Fingerpuppen spielen.

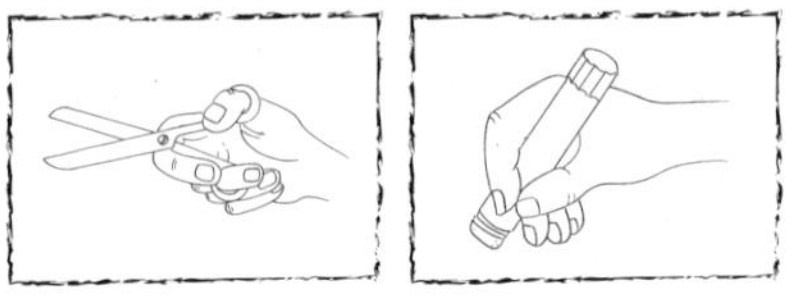

Übung 2: Rätselhaftes Tier

1 Welches Tier versteckt sich hier? Tipp: Es hat schwarze Streifen. Schneide die Einzelteile an der gestrichelten Linie aus und lege das Tier zusammen. Wenn du nicht weiterweißt, hilft dir die Lösungshilfe (siehe S. 62).

2 Du kannst das Tier anschließend auch aufkleben und anmalen.

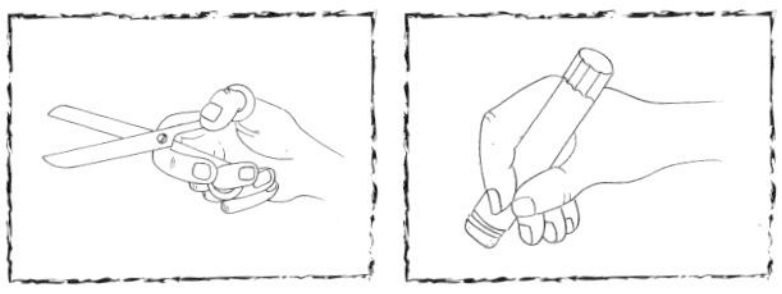

Übung 3: Trauriger Löwe

1 Der Löwe ist traurig. Finde heraus, warum.
Schneide dazu die beiden Scheiben an der gestrichelten Linie aus.
Du kannst den Löwen natürlich vorher bunt anmalen.

2 Nun brauchst du eine Kordel und Kleber. Lege die Kordel in die Mitte der beiden Scheiben und klebe sie zusammen. Wenn du nun die Kordel zwischen deinen Fingern drehst, dreht sich auch die Scheibe. Was siehst du?

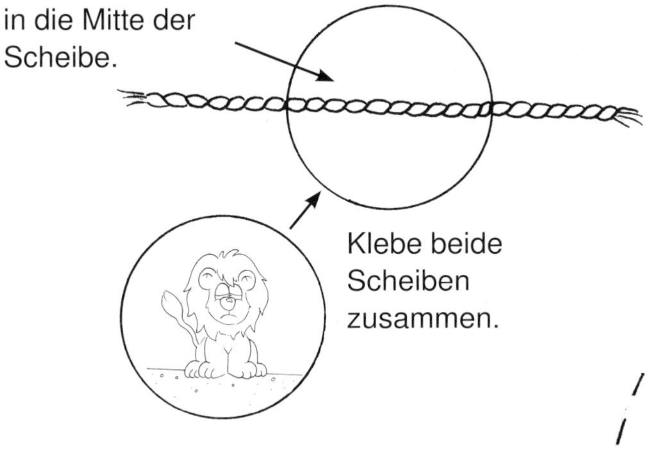

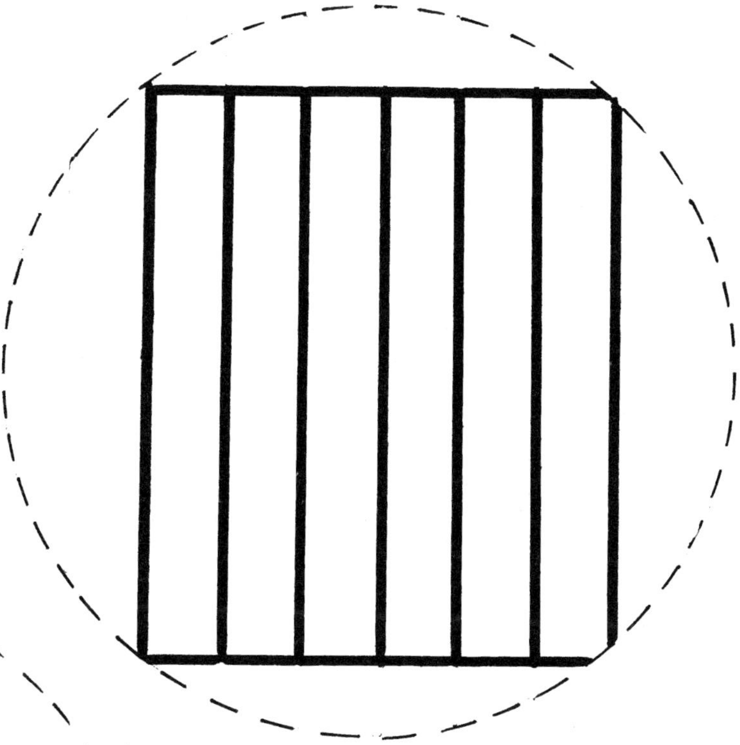

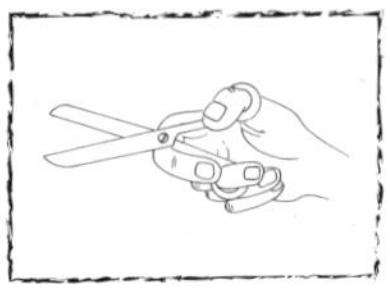

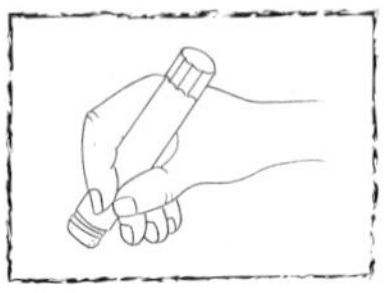

Übung 4: Zebrakarte

1. Schneide die Karte an der gestrichelten Linie aus (auch entlang der Schnauze, der Mähne und des Rückens des Zebras). Du kannst die Karte natürlich vorher bunt anmalen.

2. Nun klebst du die Karte an der Seite mit Klebeband wieder zu (siehe Zeichnung). Falte dann die Karte in der Mitte zusammen.

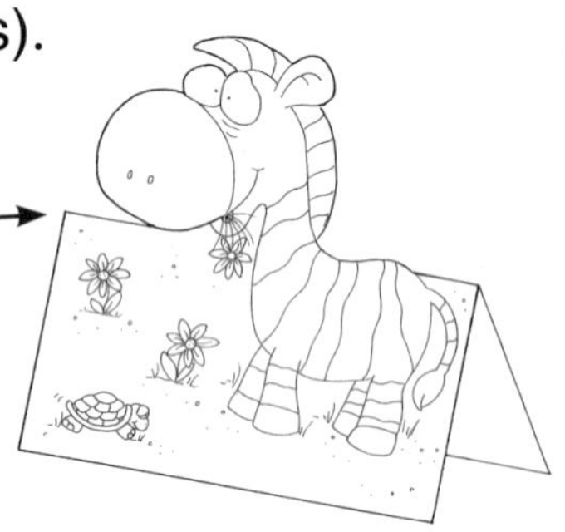

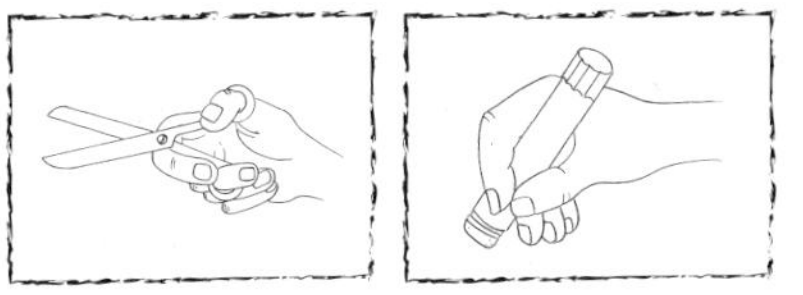

Übung 5a: Mich laust der Affe

1. Schneide die Affen an der gestrichelten Linie aus.
   Du kannst sie vorher bunt anmalen.
2. Schneide dann die Bäume (siehe S. 60) grob aus.
   Klebe sie auf ein Stück Pappe. Schneide sie dann an der gestrichelten Linie aus. Auch die Bäume kannst du natürlich vorher bunt anmalen.
3. Stecke die Bäume dann am Stamm ineinander.
4. Jetzt kannst du die Affen an den Baum hängen.

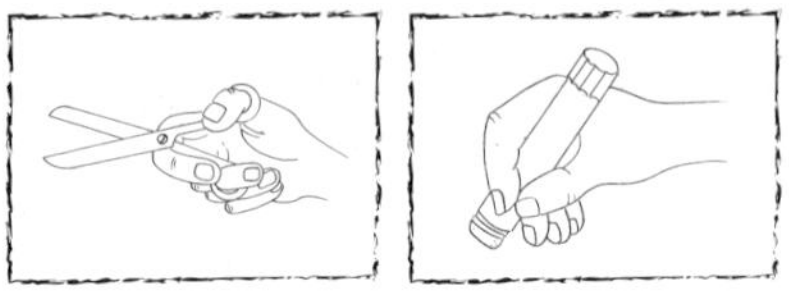

Übung 5b: Mich laust der Affe

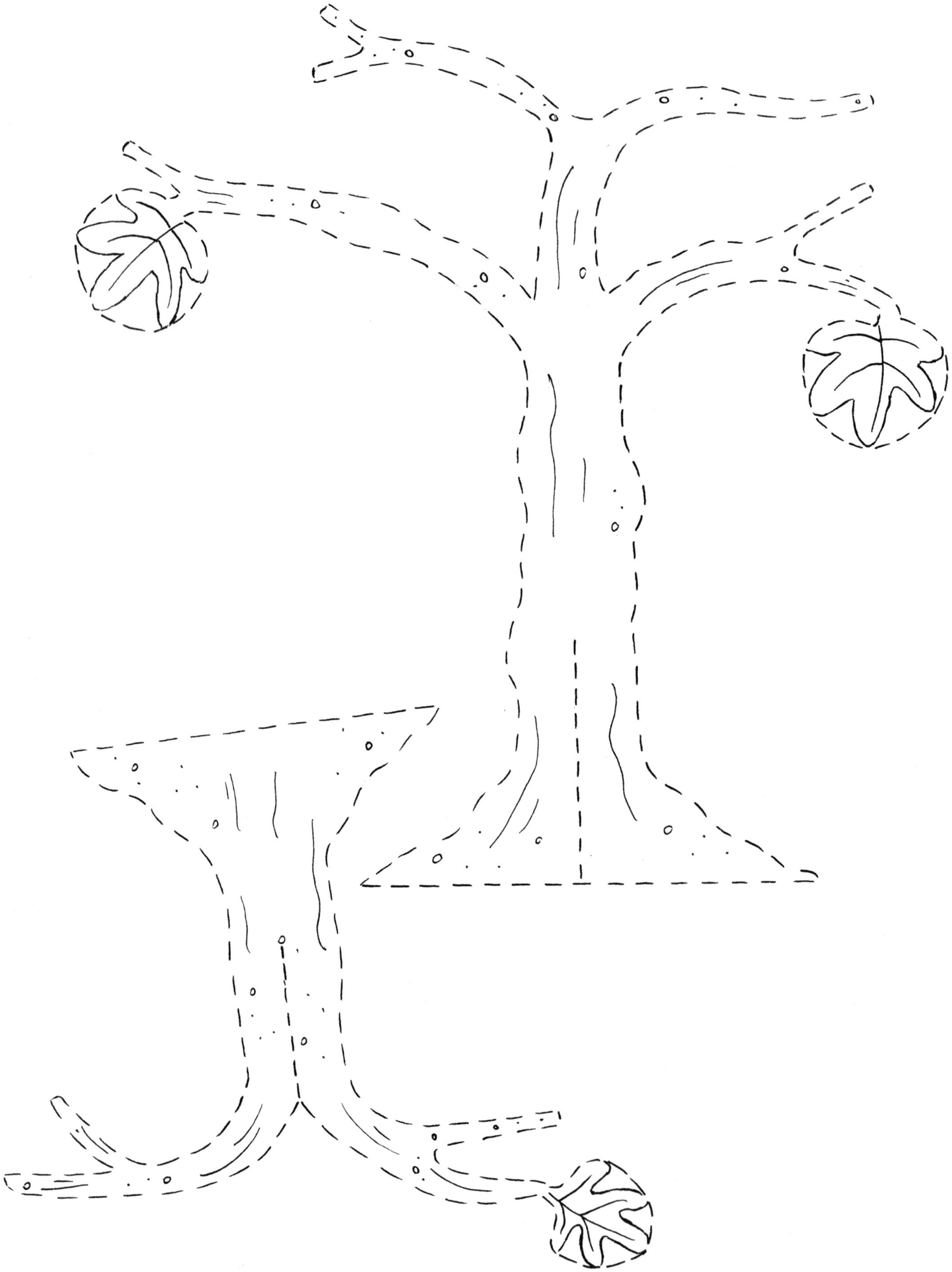

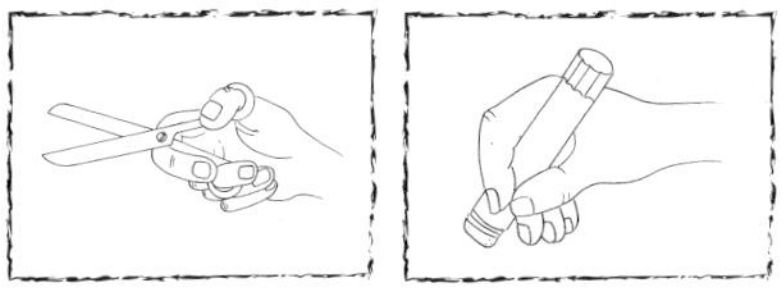

Übung 6: Puzzlige Tiere

1. Schneide die Puzzleteile an der gestrichelten Linie auseinander.
2. Lege dann das Puzzle. Kannst du es aus dem Gedächtnis legen? Wenn nicht, hilft dir die Lösungshilfe (siehe S. 62).
3. Wenn du das Puzzle richtig zusammengelegt hast, kannst du es auf ein Stück Papier kleben und anmalen.

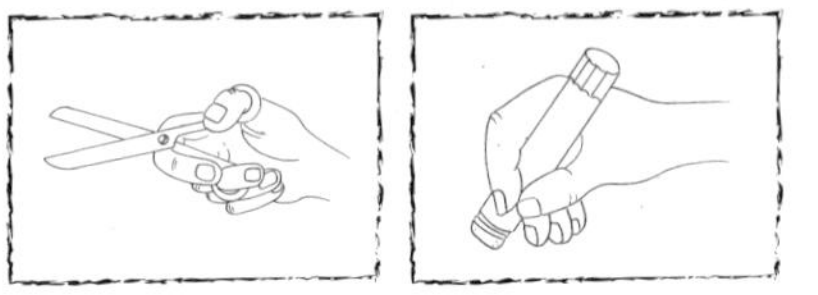

Lösungshilfe

Übung 2: Rätselhaftes Tier (S. 56)

Übung 6: Puzzlige Tiere (S. 61)

Mini-Lehrgang 7: Kleine Unterwasserwelt

Mein Name: ______________________ Klasse: _____ Datum: ___________

Übung	geprüft	erledigt
1. Fische im Karton		
2. Froschmaul		
3. Muschelgeheimnis		
4. Tintenfisch		
5. Scherentier		

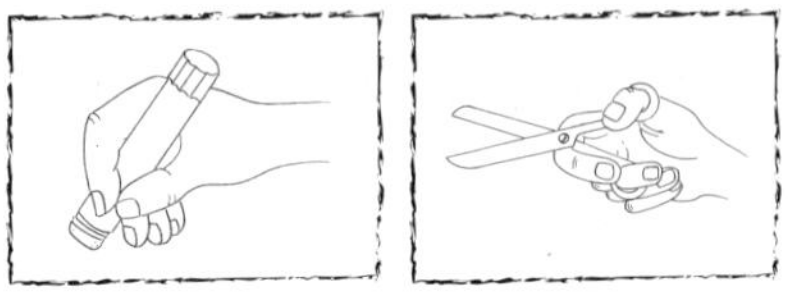

Übung 1a: Fische im Karton

1. Klebe die Fische und Algen auf ein Stück Pappe.
2. Schneide die Vorlagen zunächst grob aus.
3. Schneide dann genau an der gestrichelten Linie entlang.
4. Knicke die schraffierten Flächen an den Algen zur Seite. So kannst du sie aufstellen.
5. Stecke dann die Fische und Algen an den eingeschnitten Stellen zusammen.

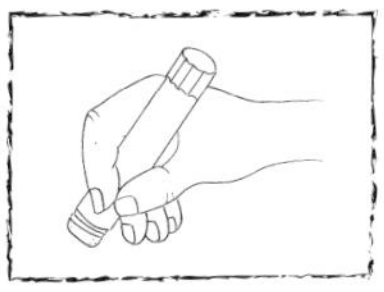

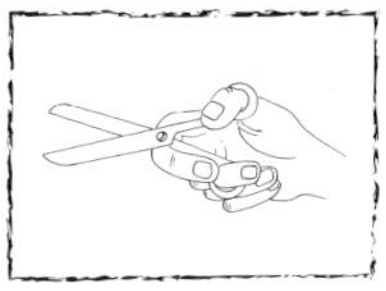

Übung 1b: Fische im Karton

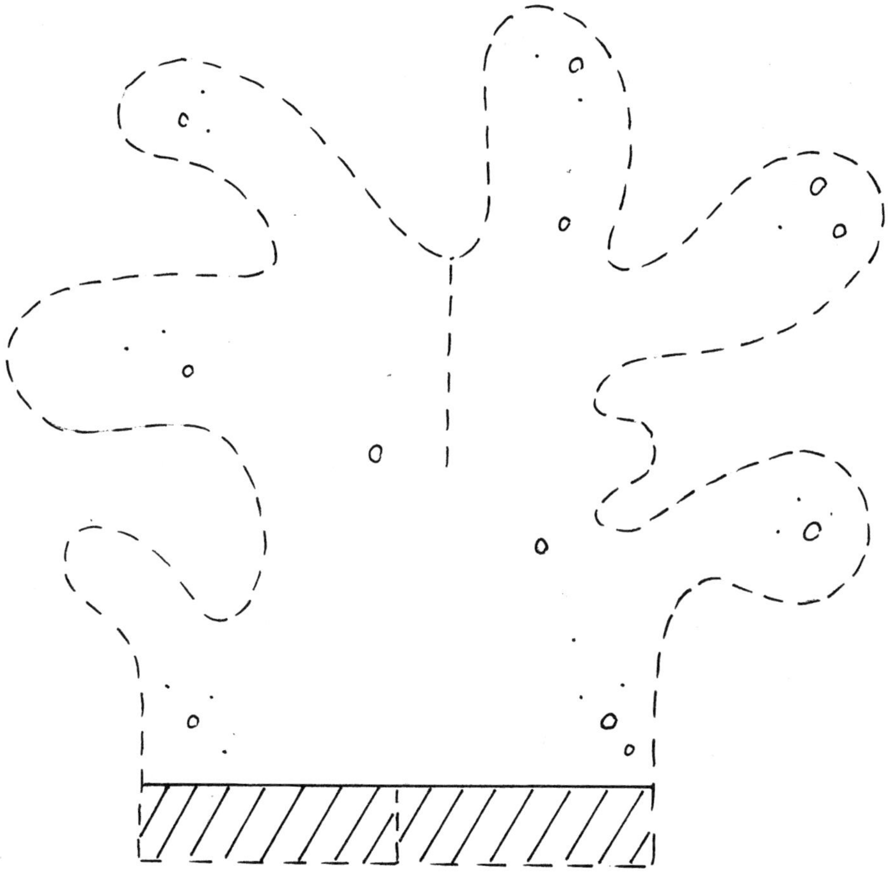

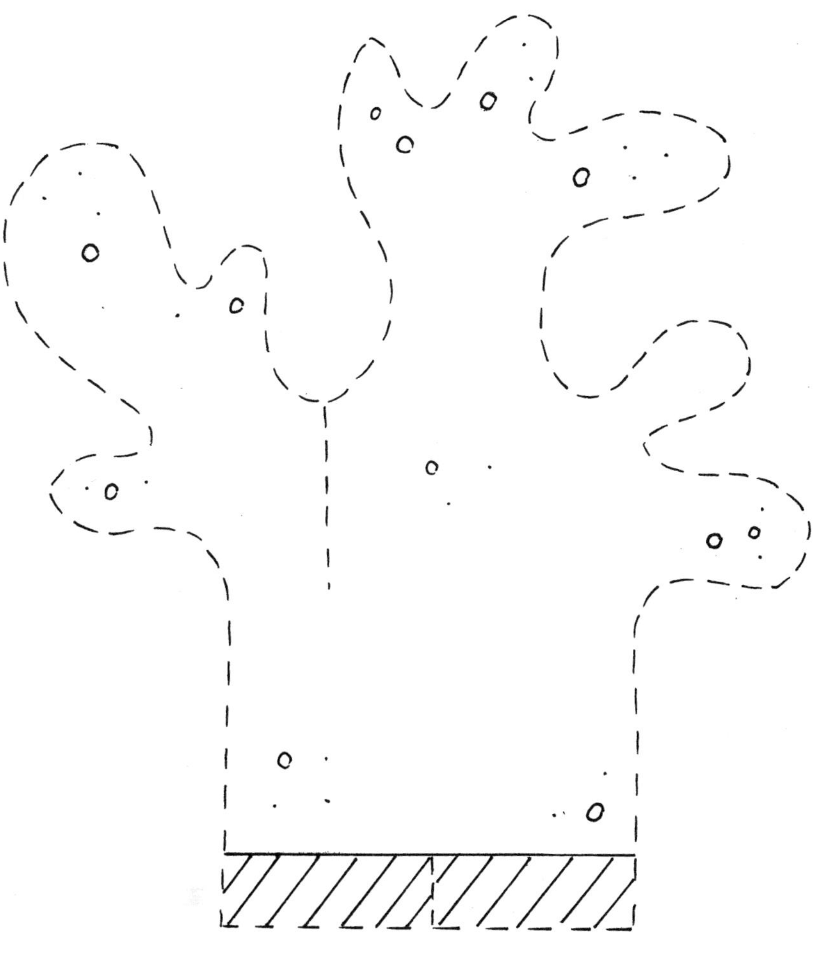

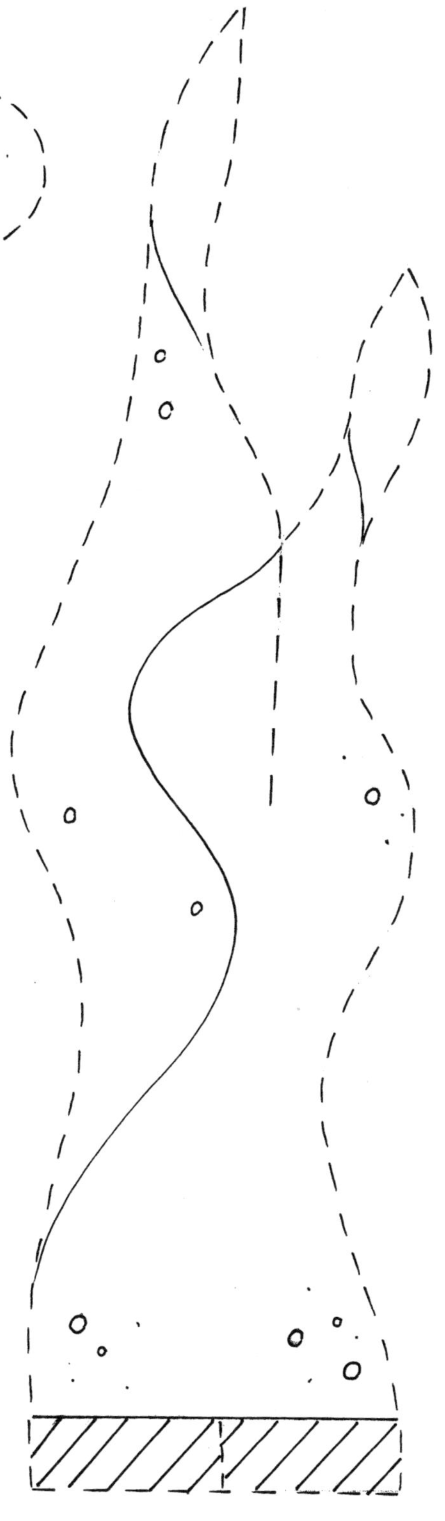

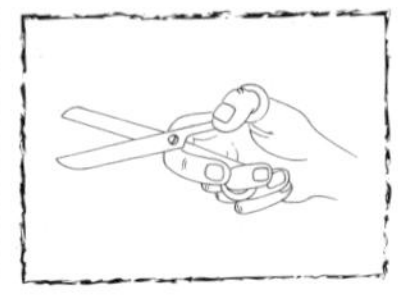

Übung 2: Froschmaul

1. Schneide die Vorlagen an der gestrichelten Linie aus.
2. Falte dann das Froschmaul in der Mitte zusammen. Klebe es mit der schraffierten Fläche auf den Frosch (schraffierte Fläche).
3. Klebe dann die Zunge und die Fliege in das Froschmaul.

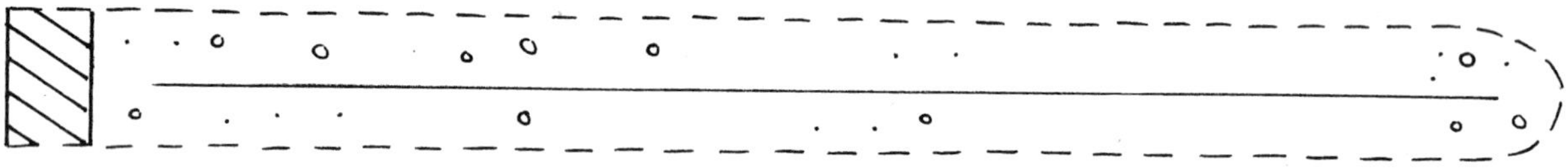

Zunge

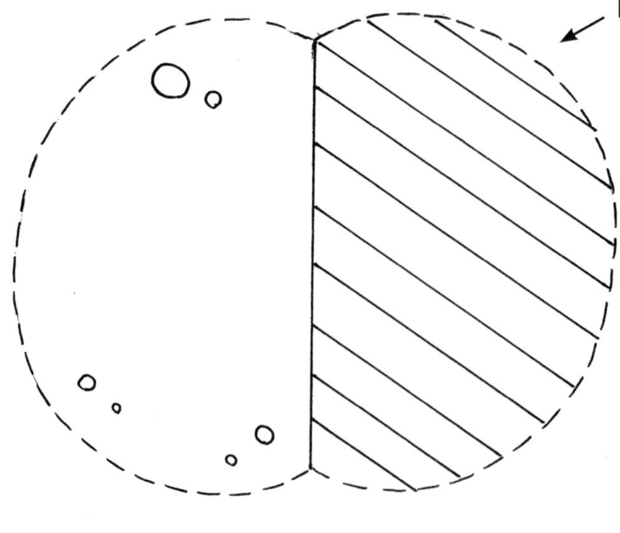

Froschmaul

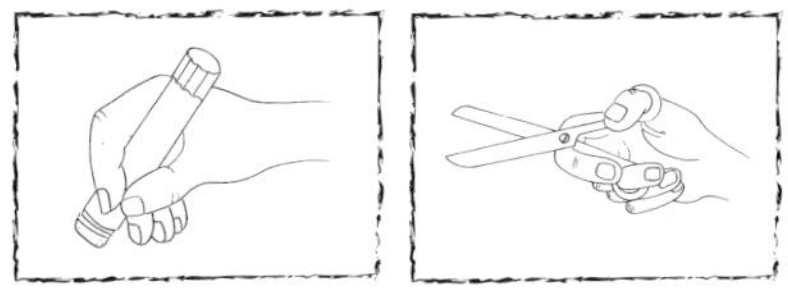

Übung 3: Muschelgeheimnis

1. Schneide die Muschel und den Fisch an den gestrichelten Linien aus.
2. Falte die Muschel in der Mitte zusammen.
3. Knicke die schraffierten Flächen auf den Streifen nach hinten.
4. Klebe den Fisch dann mit den schraffierten Flächen in die Muschel. Ein Streifen klebt am oberen Teil der Muschel, der andere Streifen am unteren Teil der Muschel.

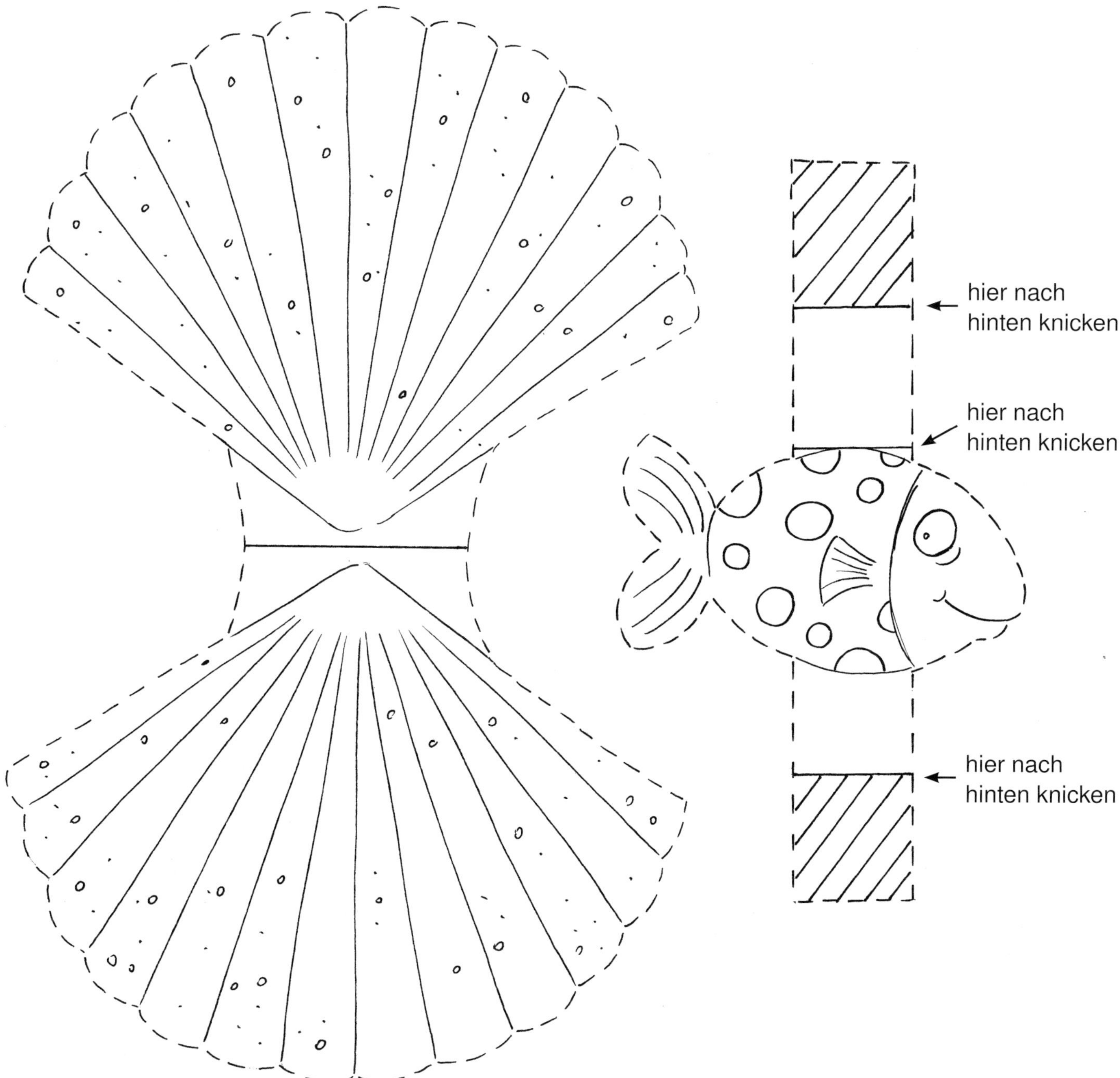

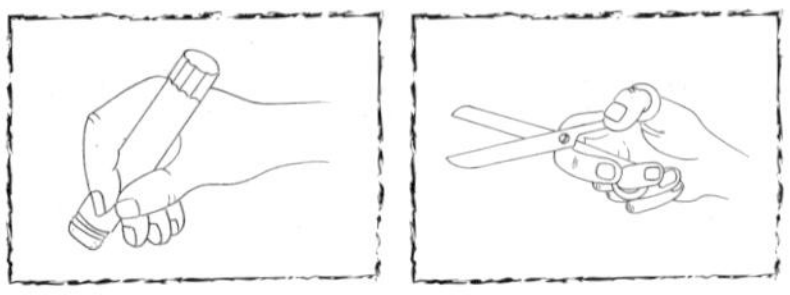

Übung 4a: Tintenfisch

1. So ein Tintenfisch hat ganz schön viele Arme! Schneide den Tintenfisch und seine Arme an der gestrichelten Linie aus.
2. Klebe dann die Arme rund um den Kopf auf die Rückseite des Tintenfisches.

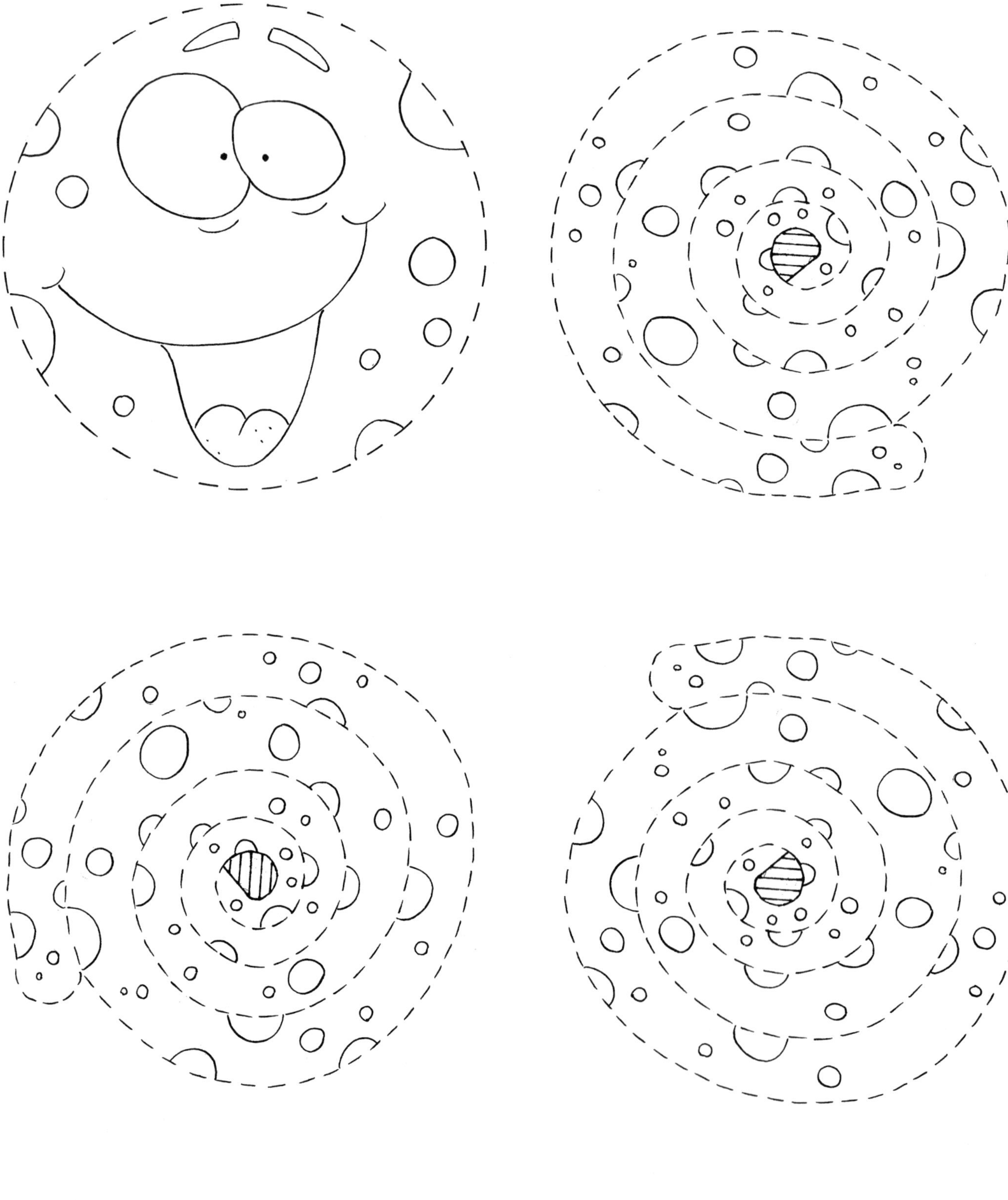

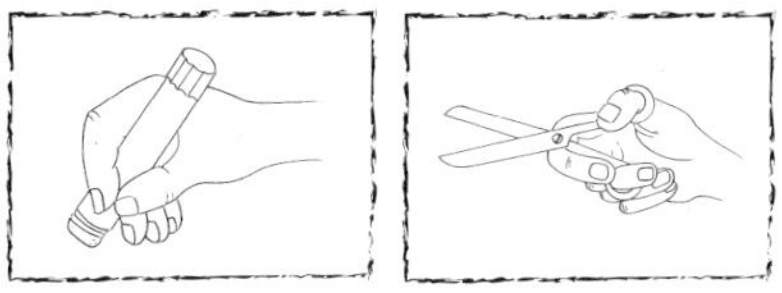

Übung 4b: Tintenfisch

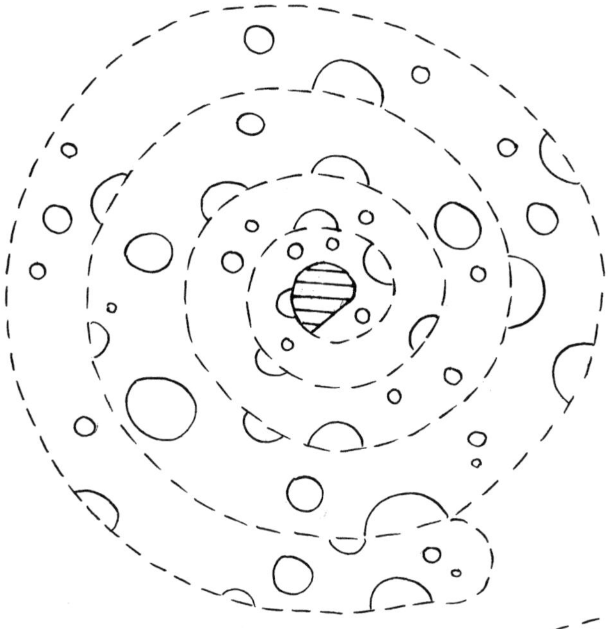

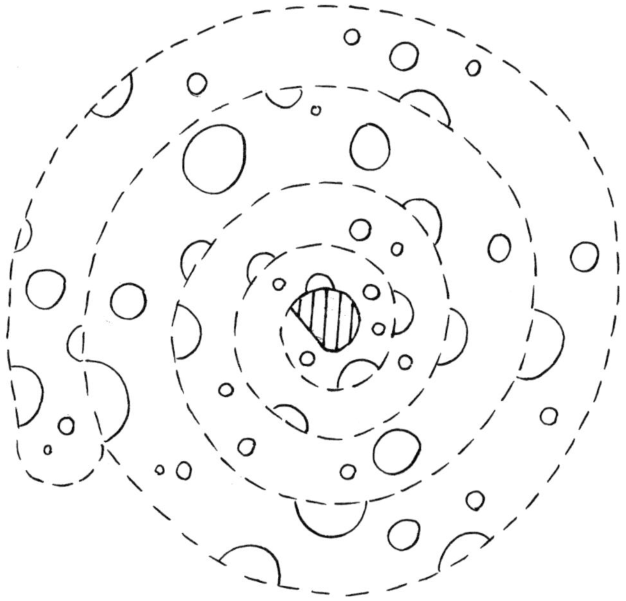

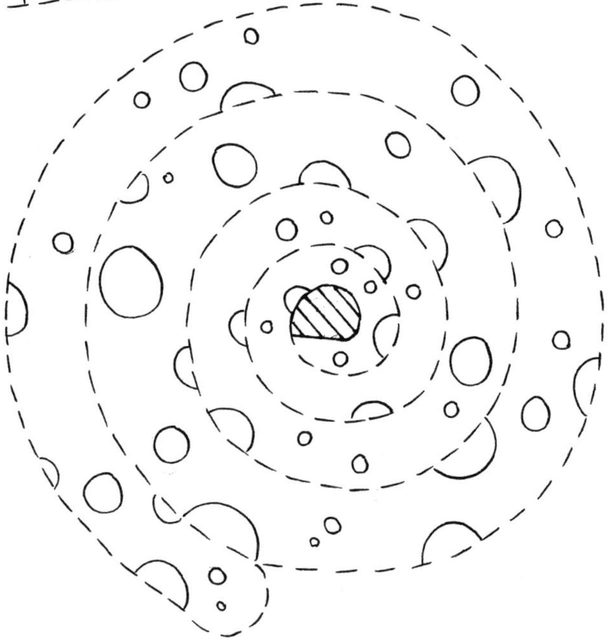

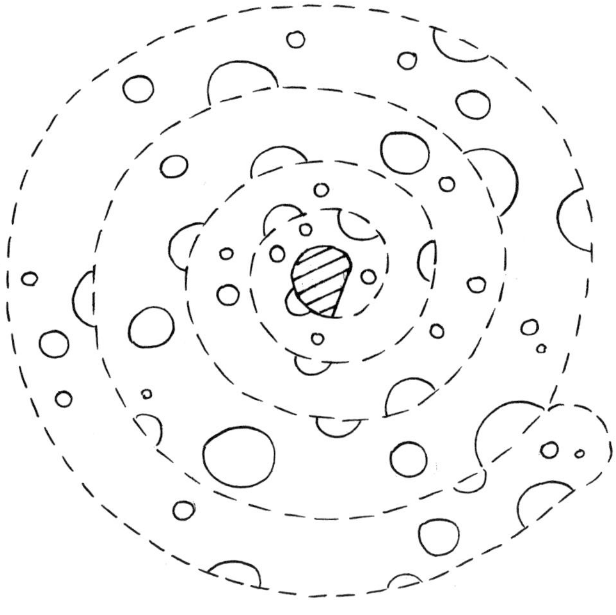

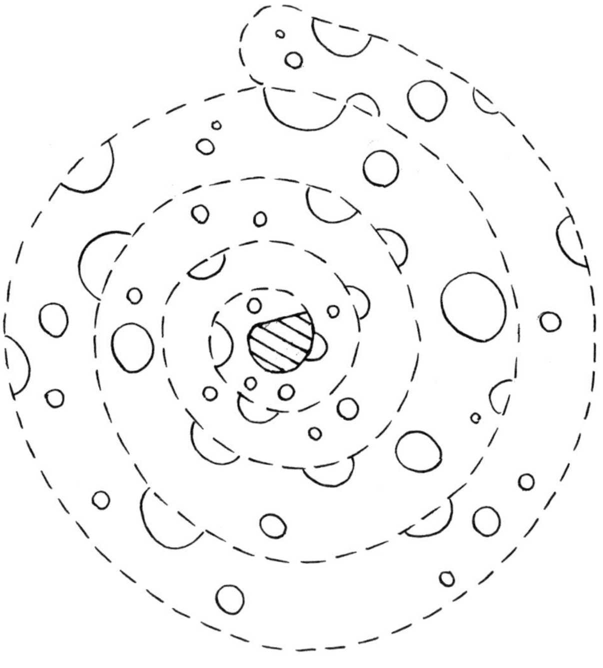

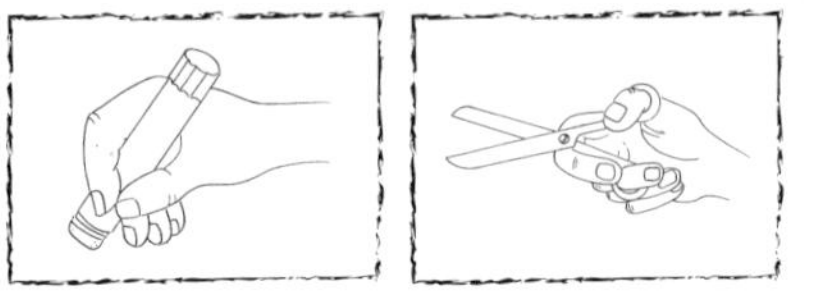

Übung 5: Scherentier

1. Klebe die Vorlagen auf Pappe auf (am besten rote Pappe).
2. Schneide den Krebs an den gestrichelten Linien aus.
3. Setze dann seine Einzelteile mit Musterklammern zusammen. Bohre dafür Löcher in die markierten Stellen (Kreise). Lasse dir dabei am besten von einem Erwachsenen helfen.

Mein Name: ____________________ Klasse: _____ Datum: __________

Übung	geprüft	erledigt
1. Fischschuppen		
2. Seestern		
3. Kunterbunte Klebepflanze		
4. Meerescollage		
5. Schnipsel-Unterwasserwelt		

Übung 1: Fischschuppen

Der Fisch ist ja ganz nackt! Beklebe ihn mit vielen bunten Schuppen.
Schneide die Schuppen aus Papier oder Stoff aus.

Du brauchst:

- eine Schere
- einen Klebestift
- bunte Stoff- oder Papierreste (zum Beispiel von Geschenkpapier oder Blättern aus alten, bunten Zeitschriften)

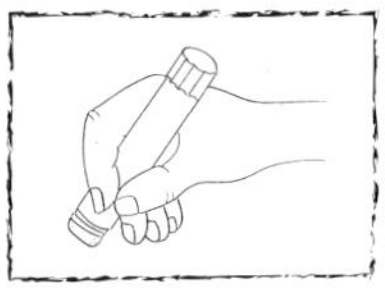

Übung 2: Seestern

Der Seestern sieht aber noch ganz schön langweilig aus. Er möchte lieber bunt sein. Beklebe ihn mit vielen kleinen Papierknubbeln.

Du brauchst:

- bunte Papierreste (zum Beispiel Geschenkpapier oder Blätter aus alten, bunten Zeitschriften)
- Klebstoff

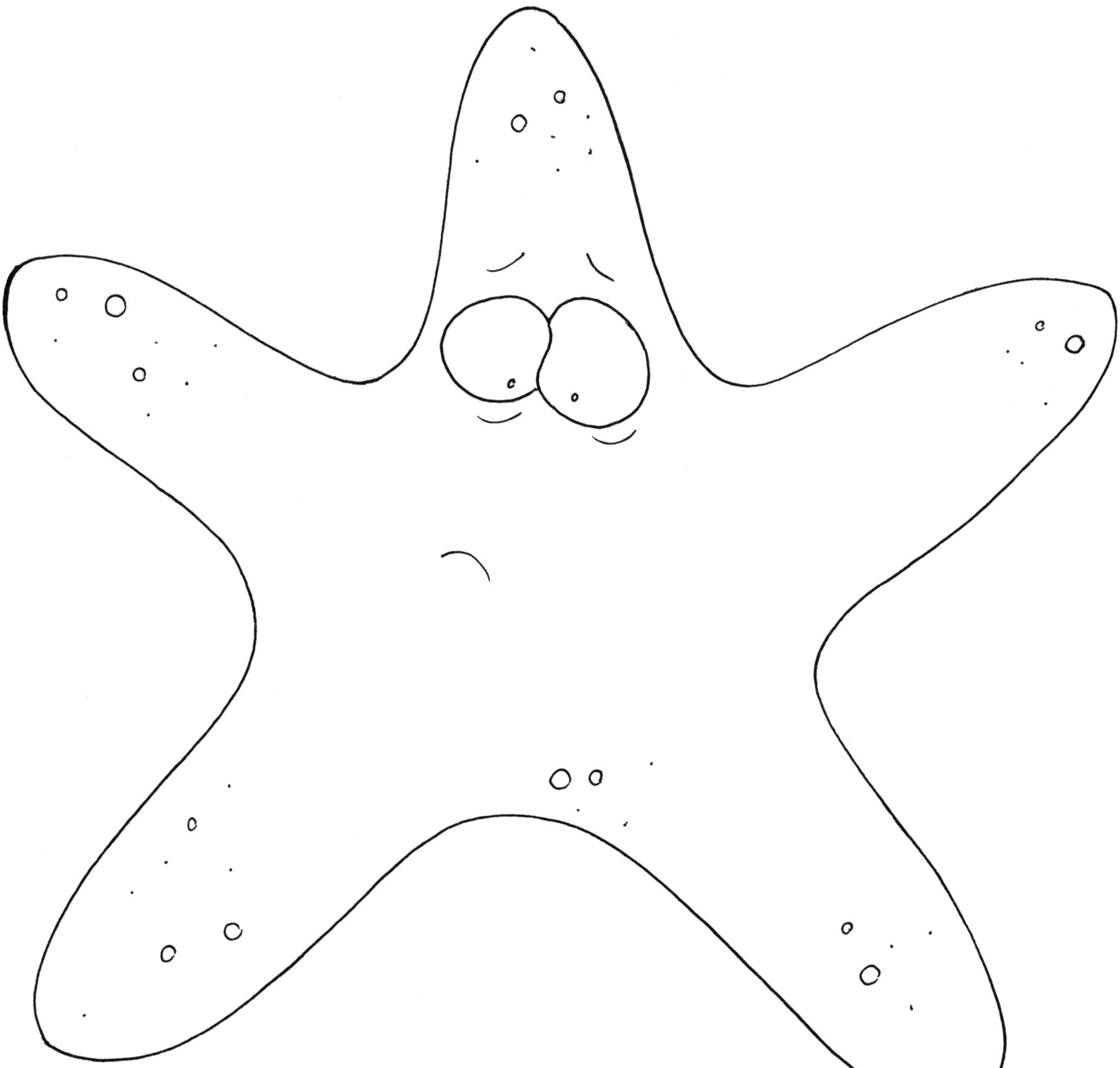

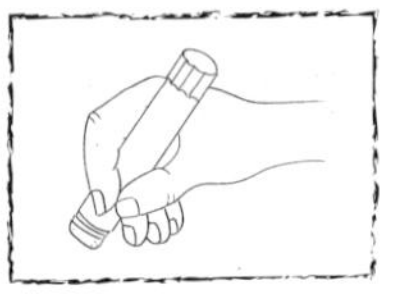

Übung 3: Kunterbunte Klebepflanze

Die Seerose hat eine große, schöne Blüte mit vielen Blättern. Beklebe die Seerose mit bunten Blättern. Schneide sie aus Stoff oder Papier aus.

Du brauchst:
- eine Schere
- Klebstoff
- bunte Stoff- oder Papierreste (zum Beispiel von Geschenkpapier oder Blättern aus alten, bunten Zeitschriften)

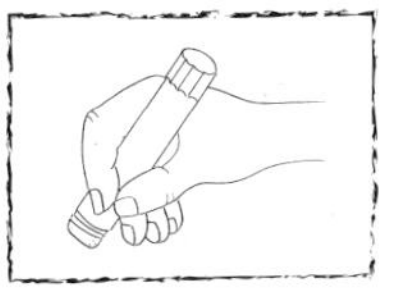

Übung 4: Meerescollage

Eine Collage ist ein Bild, das durch Aufkleben verschiedener Materialien (zum Beispiel buntem Papier, passenden Bildausschnitten, Stoff, Wolle etc.) entsteht. Eine Meerescollage kannst du zum Beispiel aus Transparentpapier, Stoff- und Papierresten, Fundstücken vom Strand, wie Sand, Muscheln oder Ästen, zusammenkleben.

☆ Bastle deine eigene Meerescollage.

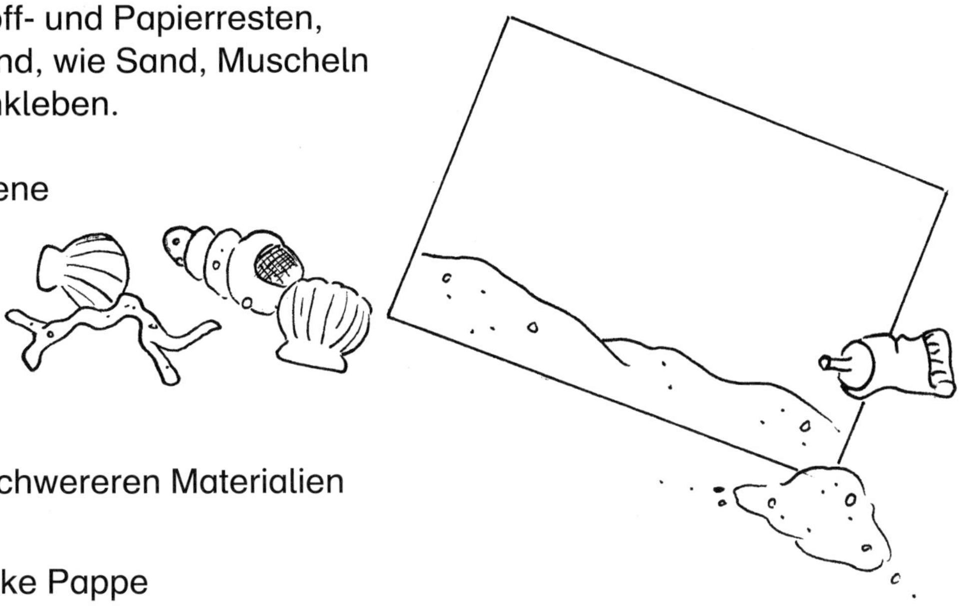

Du brauchst:

- Klebstoff (oder bei schwereren Materialien am besten Kleister)
- ein großes Stück dicke Pappe
- Bildausschnitte, die zum Thema „Meer“ passen (zum Beispiel aus alten, bunten Zeitschriften)
- bunte Papierreste, Transparentpapier, Krepppapier ...
- bunte Woll- und Stoffreste
- Gegenstände, die zum Thema „Meer“ passen, zum Beispiel: Sand, Muscheln, Äste, Steine und andere Fundstücke vom Strand
- alles, was dir noch so einfällt ...

So geht es:

1. Schau dir deine Sammlung aus Gegenständen und Bastelmaterial an und überlege, wie du sie zu einer „Meerescollage“ zusammenstellen kannst.
2. Lege die Materialien dann auf das Stück Pappe und bilde daraus eine Meerescollage. Du kannst die Materialien immer wieder umsortieren, hin- und herschieben und ergänzen.
3. Wenn du zufrieden mit deinem Werk bist, kannst du es nach und nach aufkleben.
4. Lass es dann längere Zeit liegen, bis alles richtig getrocknet ist.

Übung 5: Schnipsel-Unterwasserwelt

Klebe eine bunte Unterwasserwelt aus vielen Papierschnipseln zusammen.

Du brauchst:
- Klebstoff
- bunte Papierreste (zum Beispiel Geschenkpapier oder Blätter aus alten, bunten Zeitschriften)
- ein großes Blatt Papier (zum Beispiel von deinem Zeichenblock)
- einen Bleistift

So geht es:
1. Zeichne zuerst ein Bild zum Thema „Unterwasserwelt" auf das Blatt Papier. Male dabei große Flächen, die du später gut mit Papierschnipseln bekleben kannst.
2. Suche dir dann passende Farben aus den Papierresten aus. Reiße Schnipsel aus dem Papier und beklebe dein Bild mit den Papierschnipseln.

Ich bin der Stifte-Dompteur!

Du brauchst:
- Bunt- oder Filzstifte
- eine Schere
- eine Sicherheitsnadel und Klebeband

Herzlichen Glückwunsch!
Du hast deinen Stift im Griff.
Du bist der Stifte-Dompteur.

So geht es:
1. Male die Medaille bunt an.
2. Schneide sie aus.
3. Klebe die Sicherheitsnadel mit dem Klebeband auf die Rückseite der Medaille.
4. Hefte dir die Medaille mit der Sicherheitsnadel an.

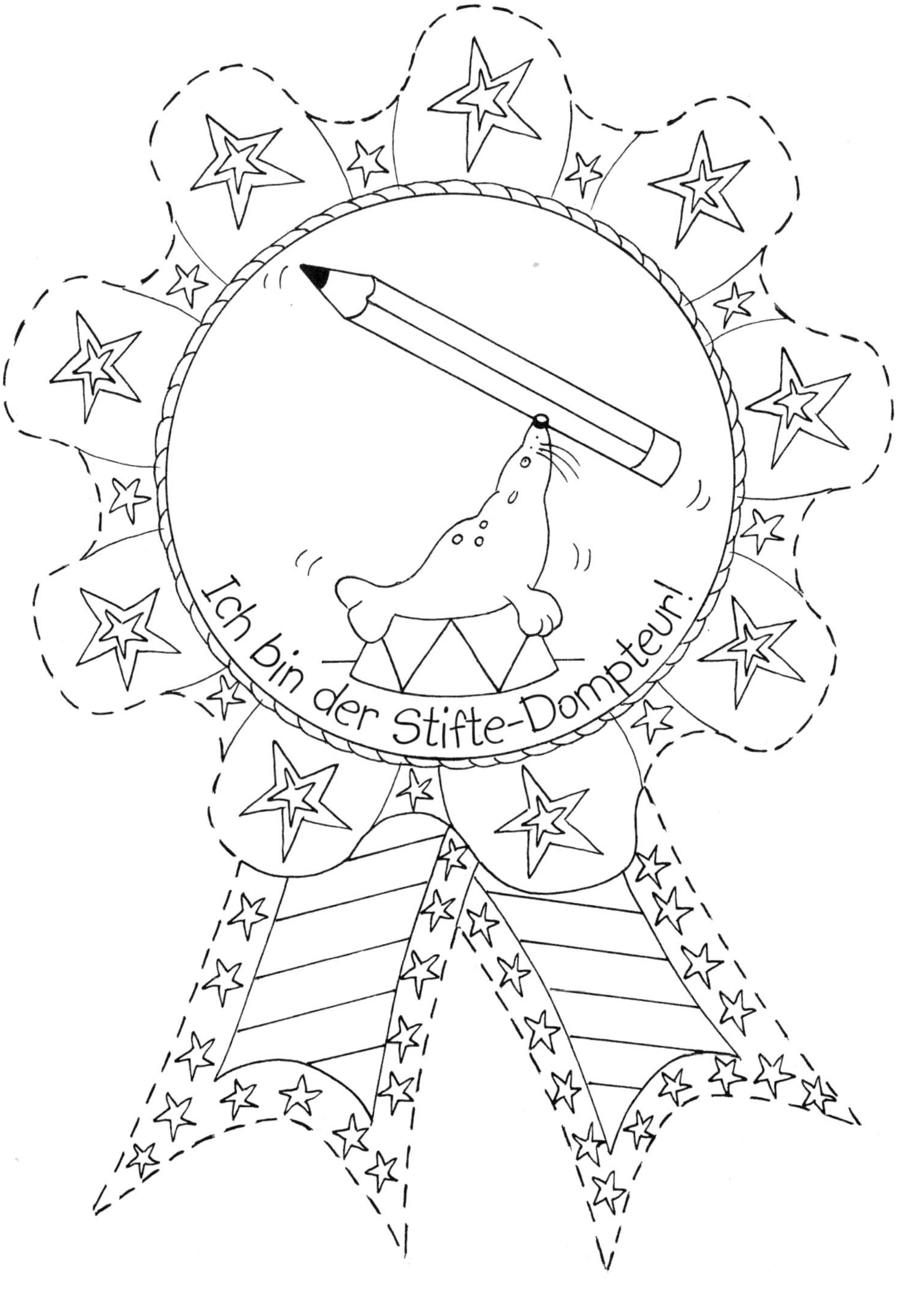

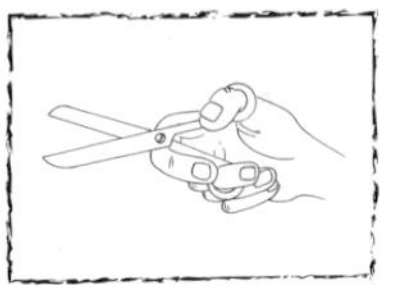

Ich bin der König der Schere!

Du brauchst:
- Bunt- oder Filzstifte
- eine Schere
- ein schönes Band
- Klebeband

Herzlichen Glückwunsch!
Du hast deine Schere im Griff.
Du bist der König der Schere.

So geht es:
1. Male die Medaille bunt an.
2. Schneide sie aus.
3. Klebe das Band oben an die Medaille, damit du sie um den Hals tragen kannst.

Ich habe den Kleber im Griff!

Du brauchst:
- Bunt- oder Filzstifte
- eine Schere
- ein schönes Band
- Klebeband

Herzlichen Glückwunsch!
Du hast den Kleber im Griff.

So geht es:
1. Male die Medaille bunt an.
2. Schneide sie aus.
3. Klebe das Band oben an die Medaille, damit du sie um den Hals tragen kannst.

Urkunde

Hiermit wird

____

(Vorname Name)

feierlich zum Meister der „geschickten Hände“ ernannt.

Du bist ein Experte im Umgang mit

______________________________.

______________________ ______________________

Datum Unterschrift